Maestro de Ceremonias

Conecta con Poder

Maestro de Ceremonias
Conecta con Poder

Elbia I. Quiñones Castillo

Editado por Weyna Quiñones Castillo, Ed.D.

Power Publishing Learning Systems

Maestro de Ceremonias — Conecta con Poder

AZ DP 16 15 14 08 09 14

Power Publishing Learning Systems
PO Box 593
Caguas, PR 00726
info@powerpublishingpr.com
www.powerpublishingpr.com

ISBN 978-0-9961067-0-2

A Mami, María Lucía, quien me enseñó a crear todo en la vida con un propósito y a nunca rendirme. Gracias a sus consejos, me convertí en una elegante maestra de ceremonias y animadora.

Contenido

Cómo utilizar este libro

Desde niña me parecía fascinante cómo transcurrían en orden las ceremonias donde se reconocía el talento y el trabajo de varias figuras públicas. Imaginaba que dirigía las ceremonias para entregar los premios Agüeybaná de Oro, y los premios Oscar®, los concursos de belleza y que todos los concurrentes atendían extasiados lo que comunicaba.

En mi niñez y juventud tuve el honor de observar a mi madre dirigiendo obras de teatro y conduciendo distintas ceremonias. De este extraordinario ser aprendí algunos de los pilares más importantes que necesita un maestro de ceremonias para ser exitoso y poderoso.

Desde la preparación emocional, el libreto, la dirección en equipo, los sacrificios que conlleva la perfección, la disciplina y la perseverancia, el amor y el respeto hacia los participantes y los invitados son varios de los elementos que nunca olvidaré.

En este libro comparto consejos, historias y estrategias que te ayudarán a proyectarte con seguridad y conectar con poder cuando conduzcas un evento. ¡De Mami, lo aprendí!

Tu amiga,

Elbia

Prefacio

Bienvenido al sorprendente mundo de los eventos y sus ceremonias. Querido lector: hoy te comprometes a comenzar el proceso para ser un maestro de ceremonias que con poder conecta y logra que la audiencia sea la estrella. Para ello, y si tus creencias amurallan tu vida, trabaja y actúa para desmoronar sus paredes. Fuera *"los otros son mejores que yo"*, *"soy muy joven para ser un maestro de ceremonias"*, *"soy muy viejo para soñar"*, *"nunca aprenderé a manejar las situaciones imprevistas"*, *"muchas personas se dedican a esto"*, entre otras aseveraciones que te alejan de tu máximo potencial y evolución en la vida.

Créelo, existe un mundo lleno de posibilidades para crecer y experimentar nuevas áreas. Soy un testimonio de ello, nacimos para triunfar. Llena siempre tus pensamientos de creencias positivas. Sentirás que las murallas comienzan a quebrarse y se respira el aire de crecimiento, el aire que te dirige al éxito.

Te felicito por este primer paso y por sumergirte en este maravilloso mundo de las celebraciones. Valoro tu acertada decisión. Aquí, conectarse siempre nace del corazón y de las relaciones con la audiencia. Esto requiere energía, nuevos conocimientos, un plan de acción y que las creencias que amurallan tu vida...¡PA'FUERA!

Introducción

Llegar a Caguana fue un reto. La montaña nos abrigó con estrechos pasajes y curvas interminables mientras un flamante túnel de bambúes nos escoltó casi hasta completar el viaje al *Centro Ceremonial Indígena*. Al llegar y ver la plaza principal, imaginé a los taínos celebrando sus juegos y ceremonias. Sentí que era el punto perfecto para conectar el papel del maestro de ceremonias de nuestros ancestros al rol del conductor de hoy. La historia es muy clara. Desde el Oriente hasta las Américas el rol del maestro de ceremonias ha formado parte del mundo exquisito de la conducción de eventos. Si recorremos la antigua Babilonia, China, Egipto, Japón y llegamos hasta los grupos indígenas de las Américas, en todos encontramos la huella de este personaje.

Desde Caguana, un rincón especial del pueblo de Utuado de la isla de Puerto Rico, comienzo esta parada especial en la historia para presentarte una colección de consejos que al practicarlos te ayudarán a ser un maestro de ceremonias poderoso como nuestros predecesores. Te invito a que me acompañes y disfrutes de este viaje lleno de historias y estrategias eficaces para transformar positivamente tu carrera como maestro de ceremonias. Comienza a creerlo. ¡Soy testimonio de ello!

Oportunidades de la vida

Cada ceremonia transforma un evento o suceso ordinario de la vida en uno muy especial donde reina el respeto, la cortesía y el orden. Por un momento piensa en varias ceremonias comunes. Probablemente recordaste las ceremonias de las graduaciones, los bautismos, las bodas y los funerales en tu entorno familiar. Estas son algunas de las que tenemos la oportunidad de presenciar cotidianamente. Sin embargo, existen otras como las iniciaciones en fraternidades y sororidades universitarias, el té en el Oriente, la entrega de premios y medallas por categorías y campos, la toma de posesión de un presidente y la coronación de un monarca. Otras pueden ser la instalación de un Papa, la apertura y cierre de las olimpíadas, la juramentación de oficiales en organizaciones profesionales y la investidura al salón de la fama del deporte y la música en las cuales se pretende celebrar y elevar el espíritu del homenajeado al igual de quienes disfrutan del programa.

Conducir eventos es una gran oportunidad de crecer y destacarte en un campo de trabajo diferente, atractivo, interesante. Es una fantástica manera de aprender de las ceremonias y sus reglas, de lo que hacen otras organizaciones, instituciones, empresas y líderes de otros países. Asimismo, es un medio poderoso para conectar con personas que se destacan en diversos campos de la sociedad desde la cultura hasta la política. Este es tu momento de actuar.

La figura del conductor de ceremonias

El ser humano en su maravillosa evolución ha comprendido que el respeto y la cortesía son elementos necesarios para convivir socialmente. Estos deben coexistir en la celebración de las ceremonias.

Cuando observamos los detalles de las ceremonias modernas, notamos varios componentes del pasado. Se destacan los siguientes: un claro propósito de la celebración (*agradecer por las buenas cosechas, reconocer victorias, juramentar oficiales electos, iniciaciones, exhaltar uniones y partidas*), el orden en que se presentan las autoridades y los invitados, qué se acepta (*la persona acepta públicamente que servirá como presidente por cuatro años*), los símbolos que forman parte del rito (*desfile o procesión de autoridades, el canto y la danza, la dramatización, toma de bebidas preparadas y meditaciones*) y la figura indiscutible del maestro de ceremonias.

Estas ceremonias ancestrales eran conducidas en algunas culturas por un guía espiritual, un sacerdote, el cacique, el rey o la figura de mayor rango político o económico. Sin importar el nombre, eran maestros de ceremonias.

A través de ellos aprendimos esos primeros pasos para ser un gran maestro de ceremonias. Sin duda alguna, la historia ha revelado que somos la figura que con aplomo logra que el evento transcurra de manera ordenada, armoniosa y eficiente.

Se espera del maestro de ceremonias que:

- ☐ lleve con fluidez la ejecución del libreto.
- ☐ establezca el tono ganador del evento.
- ☐ se proyecte de buen humor.
- ☐ capte la energía de la audiencia, que no se apague durante el evento.
- ☐ sea capaz de mantener la atención de la audiencia.
- ☐ sea organizado y puntual para seguir el programa.
- ☐ esté alerta para manejar los cambios y pueda improvisar cuando se requiera.
- ☐ prepare la transición para que la audiencia reciba con energía a los artistas y oradores y que estos se sientan cómodos y felices de estar allí.
- ☐ conozca el protocolo y la etiqueta para que administre efectivamente el tiempo.
- ☐ sea cortés, íntegro y auténtico.
- ☐ aprecie la oportunidad de servir a los demás.
- ☐ sea responsable de la excelencia con la que se ejecuta el programa.

Actos públicos o privados...esa es la pregunta

Un acto es una celebración o ceremonia solemne. Cuando el coordinador del evento te contacte para solicitar tus servicios, pregunta qué entidad lo organiza. Según su respuesta, podrás clasificarlo como una modalidad de los actos oficiales públicos o de los actos privados, tendrás una idea general de cuán formal podría ser, el tipo de audiencia que participará y lo que se espera de ti. Se desglosan según la entidad organizadora (Fornesa, 2001).

Actos públicos - oficiales

Se destacan los siguientes: *de carácter general,* organizados por el estado, su gobierno y administraciones públicas (*ceremonia de toma de posesión de un presidente*) y los *de carácter especial,* organizados por instituciones públicas o autoridades de los cuerpos legislativos, el ejército y de la rama judicial (*reconocimiento del poder legislativo a un atleta destacado en unas olimpíadas*).

Actos privados

Organizados por entidades sociales y entidades del sector privado, tales como las asociaciones, fundaciones, iglesias universidades y empresas. Su carácter puede ser formal (*ceremonia de entrega de premios al mejor orador de la organización, bodas, funerales)* o informal (*reuniones de grupos o amigos*). ¡Escribe tu historia con poder!

Inventario del Maestro de Ceremonias

Para desatar aún más las posibilidades del éxito que llevas por dentro, haz una introspección sobre las cualidades que posees para ser un maestro de ceremonias poderoso. Asigna una puntuación del 1 (menor) al 5 (mayor). Aquellas que tienen menos de cinco en puntuación, busca apoyo para manejarlas. Enfócate en tus fortalezas.

enérgico	1	2	3	4	5
disciplinado	1	2	3	4	5
hábil para improvisar	1	2	3	4	5
elocuente	1	2	3	4	5
divertido	1	2	3	4	5
hábil para conectar	1	2	3	4	5
confiado	1	2	3	4	5
positivo	1	2	3	4	5
alerta	1	2	3	4	5
creativo	1	2	3	4	5

Inventario del Maestro de Ceremonias

Escribe en este espacio los nombres de cinco maestros de ceremonias, locales o internacionales, cuyos estilos de comunicación te relacionas con ellos.

1 _____

2 _____

3 _____

4 _____

5 _____

Identifica cinco cualidades que comparten estos maestros de ceremonias y son sus fortalezas.

1 _____

2 _____

3 _____

4 _____

5 _____

**Consejos para ser un maestro
de ceremonias que conecta con poder**

Antes del evento

1

Tu punto de partida: entrevista con el coordinador

En la película francesa *Les Saveurs du Palais (2012)* el personaje de Hortense Laborie fue contratada por el palacio como la chef personal del Presidente Meditterrand. Hortense le comenta al Presidente en uno de sus encuentros que aunque tenía todo para desempeñarse como chef, le faltaba dirección. No sabía cuáles eran los gustos y preferencias del dignatario para quien trabajaba. De manera cándida le responde el Presidente: "Me gusta la comida simple. Quiero experimentar el sabor de cada cosa. Dame lo mejor de Francia". A partir de ese momento, todo cambió.

Tu punto de partida es precisamente la entrevista con el coordinador del evento. Es necesario saber y entender para qué nos contrataron y a quiénes serviremos. Comunícate con el coordinador del evento y recopila tanta información como puedas. Esto será clave para que tu intervención cumpla con lo contratado y seas recomendado nuevamente.

Comparto los siguientes elementos que te facilitarán definir un plan estructurado para manejar el evento. Fija la primera reunión para aclarar tus dudas lo antes posible.

Pregunta en qué consistirá el evento, tipo de ceremonia o actos, cuánto tiempo durará y si será durante el día o la noche, si se desarrollará en un lugar abierto o cerrado. Todo esto afectará la vestimenta a usar.

Conoce los detalles del evento, el propósito, el lema, tipo de audiencia, la cantidad de oradores, las intervenciones musicales o de entretenimiento y lo que se espera de ti como maestro de ceremonias, animador o presentador.

Consulta, además, sobre los colores del lugar y dónde te ubicarás. Esta información te ayudará a seleccionar el color de tu vestimenta para que no te veas pálido o perdido entre la decoración del lugar.

Requiere los datos de cada invitado y de los oradores para que sus presentaciones sean como ellos esperan. Si tienes pocos datos, consulta en la internet sobre estos oradores. Complementa los datos provistos por el coordinador del evento con lo que identificaste en las fuentes de la internet (logros, estadísticas, reconocimientos, artículos de revistas, entrevistas en las redes sociales).

Confirma si es permitido en el evento mencionar libros escritos por los invitados y los oradores (depende del tipo de evento y ceremonia).

Pregunta al coordinador del evento cuántas veces desea repitas el lema o la frase asociada al evento (si aplica). Por ejemplo: *"Conéctate con Power Holdings y descubre los sistemas que te convertirán en un experto comercial"*.

Solicita fotos o videos de la ubicación del podio, atril o del área designada. Esto te dará una idea general del espacio, la iluminación y dónde permanecerá la audiencia. Es importante que te sientas seguro y te proyectes de esta manera, en el escenario.

Prepárate emocionalmente y físicamente. En muchas ocasiones se manejan situaciones inesperadas que podrían causar estrés, frustraciones y ansiedad. Para ello, define un plan alterno que te permita responder a cada situación con prontitud y sin desesperación.

Solicita el libreto y el programa con anticipación. Si no existe un libreto, es tu responsabilidad prepararlo y discutirlo con el coordinador del evento. Solo es cuestión de organizarte y manejar el tiempo para completarlo.

Mientras solicitas y recopilas la información relevante al evento y sus protagonistas, define, además, quién será tu sustituto en caso de que ocurra una emergencia (estás en el hospital, perdiste la voz, el vuelo se retrasó, el auto se averió) y no puedas llegar al lugar de los actos.

Si te proveen el libreto o preparas uno, el coordinador del evento podría ser tu respaldo. Por eso, tu libreto debe ser muy claro al igual que tus anotaciones especiales.

En las próximas páginas encontrarás un formulario para recopilar datos generales y el otro, un modelo de programa con notas para ayudarte a revisar o preparar el libreto del evento.

Datos Generales

Para Eventos y Ceremonias

Fecha _____   Hora de Inicio _____

Duración _____   Hora de Terminación _____

Desarrollo   ☐ Aire Libre   ☐ Espacio Cerrado   ☐ Ambos

Evento   ☐ Primera Vez   ☐ Edición # _____

Entidad / Organización

☐ Estado   ☐ Iglesia

☐ Corporación Pública   ☐ Asociación o Fundación

☐ Empresa   ☐ Otro _____

Ceremonia / Acto

☐ Apertura / Inauguración   ☐ Colación de grados

☐ Entrega de premios   ☐ Toma de posesión / Investidura

☐ Homenaje   ☐ Condecoración militar y ascensos

☐ Clausura   ☐ Conmemoración

☐ Juramentación de oficiales   ☐ Otro

Modelo de Programa con notas para preparar el libreto cuando solo te entregan el programa.

Apertura

Saludo General. Bienvenida

(propósito del evento, objetivo de la ceremonia)

Invocación o Reflexión

Presentación de autoridades e invitados

(presentación de dignatarios de mayor a menor rango)

Mención especial para los patrocinadores

(para ceremonias privadas o no oficiales)

Mensajes especiales (de menor a mayor rango)

Ceremonia

Ceremonia de Juramentación

Mensaje del Presidente

Intervención musical

Clausura

Agradecimiento a los patrocinadores

Agradecimiento a la audiencia

Anuncio de cóctel o banquete (el que aplique)

* Es solo una guía. Existen otros modelos de acuerdo con el evento y la ceremonia. Solo para ilustración.

2

Preparación del libreto y sus formularios

El libreto es una extensión detallada del programa. Prepararlo, cuando no existe, permitirá que se reduzcan las posibilidades de improvisar donde no se requiere. De igual modo, es una manera de organizar y ordenar lógicamente cada fase de la celebración y sus transiciones, lo que se debe hacer y quién lo realizará en el tiempo designado. También, incluye las instrucciones generales (anuncios especiales para la audiencia, recordatorios para el maestro de ceremonias), la presentación de los patrocinadores (*si aplica*), los mensajes del anfitrión, las autoridades y los invitados, entre otros elementos.

Responde, además, a las preguntas: qué se llevará a cabo, quién estará a cargo de ejecutar la ceremonia, cuándo será y cómo se hará. Veamos un ejemplo.

1 Qué se celebra: la Cuadragésima Ceremonia de Colación de Grados de la Universidad Nacional de Buenos Aires.
2 Quién la dirigirá: el Vicerrector.
3 En qué momento: luego del desfile de los estudiantes
4 Cómo lo hará: tomará el juramento de los graduandos

Deja espacio en el libreto para incluir los cambios de último momento. Si usas un dispositivo electrónico, también hazlo. En las próximas páginas, comparto distintos formularios para ayudarte a preparar el libreto.

Datos a Conocer

Asegúrate de conocer la siguiente información sobre el evento.

- [ ] Propósito y objetivos del evento; tipo de ceremonia o actos
- [ ] Tipo de reconocimiento (confirmar las placas, certificados, medallas)
- [ ] Tipo y cantidad de participantes (perfil de la audiencia)
- [ ] El líder del grupo o del comité organizador
- [ ] Lo que debe ocurrir en el evento
- [ ] Cuándo las cosas deben ocurrir
- [ ] Invitados especiales y su información pertinente
- [ ] Orden de precedencia de los invitados especiales y de honor
- [ ] Nombres de los representantes de los dignatarios y ejecutivos
- [ ] Duración del evento y recesos a tomar, si alguno
- [ ] Tema y lema del evento, si aplica
- [ ] Colores del escenario (impacta el color de la vestimenta a seleccionar)
- [ ] Auspiciadores del evento y sus logotipos, si aplica
- [ ] Tipo de vestimenta
- [ ] Confirmar si el evento será grabado y transmitido
- [ ] Persona con quien compartirás la tarima, si aplica
- [ ] Necesidades especiales de los oradores y/o colaboradores
- [ ] Contacto de las instalaciones del evento (audiovisual, salones, comida)
- [ ] Localización de los baños
- [ ] Localización de las salidas de emergencia y rutas de evacuación
- [ ] Ubicación y forma del escenario, mesa presidencial

Hoja de Cotejo

Tipo de Evento

☐ Conferencia ☐ Gala

☐ Reunión ☐ Simposio

☐ Seminario ☐ Taller

☐ Conversatorio ☐ Otro _____

Contacto

☐ Nombre _____

☐ Dirección _____

☐ Teléfono _____

☐ E-mail _____

Detalles

☐ Lugar _____ ☐ Intérprete _____

☐ Programa _____ ☐ Teleprompter _____

☐ Tareas _____ ☐ Laptop

☐ Atril _____ ☐ Asistente _____

☐ Sonido _____

Libreto

Utiliza el siguiente espacio para copiar las líneas de tu libreto. Usa el programa de referencia.

Anotaciones para modificaciones del libreto. Incluya instrucciones generales y recordatorios. Márcalo con otro color.

☐ Añadir _____

☐ Añadir _____

☐ Añadir _____

☐ Añadir _____

Libreto

Utiliza el siguiente espacio para copiar las líneas de tu libreto. Usa el programa de referencia.

Anotaciones para modificaciones del libreto. Incluya instrucciones generales y recordatorios. Márcalo con otro color.

☐ Añadir _____

☐ Añadir _____

☐ Añadir _____

☐ Añadir _____

Libreto
Patrocinadores 1

Patrocinador 1

☐ Organización _____

☐ Cargo/Nombre _____

Patrocinador 2

☐ Organización _____

☐ Cargo/Nombre _____

Patrocinador 3

☐ Organización _____

☐ Cargo/Nombre _____

Anotaciones para modificaciones del libreto. Márcalo con otro color.

☐ Añadir _____

☐ Añadir _____

☐ Añadir _____

☐ Añadir _____

Libreto
Patrocinadores 2

Patrocinador ___

☐ Organización _____

☐ Cargo/Nombre _____

Patrocinador ___

☐ Organización _____

☐ Cargo/Nombre _____

Patrocinador ___

☐ Organización _____

☐ Cargo/Nombre _____

Anotaciones para modificaciones del libreto. Márcalo con otro color.

☐ Añadir _____

☐ Añadir _____

☐ Añadir _____

☐ Añadir _____

Libreto
Invitados Oficiales

Invitado 1

☐ Título o Cargo _____

☐ Nombre _____

☐ Título o Cargo _____

☐ Representante _____

Invitado 2

☐ Título o Cargo _____

☐ Nombre _____

☐ Título o Cargo _____

☐ Representante _____

- -

Anotaciones para modificaciones del libreto. Márcalo con otro color.

☐ Añadir _____

☐ Añadir _____

☐ Añadir _____

☐ Añadir _____

Libreto

Invitados de Precedencia Oficiosa (personalidades)

Invitados Especiales

☐ Descripción/Nombre _____

☐ Descripción/Nombre _____

☐ Descripción/Nombre _____

☐ Descripción/Nombre _____

☐ Descripción/Nombre _____

☐ Descripción/Nombre _____

Anotaciones para modificaciones del libreto. Márcalo con otro color.

☐ Añadir _____

☐ Añadir _____

☐ Añadir _____

☐ Añadir _____

3

Practica la lectura del libreto

Practica la lectura del libreto tantas veces como puedas hasta que sientas que tiene tu sabor, que no sea mecánico. Para ello necesitas, además, ensayar la proyección de la voz. En el libro *El Poder de la Oratoria* (2012) se detallan once ejercicios para vigorizar la voz. Practícalos, son simples de realizar y los efectos en la voz son poderosos. Asimismo, antes de practicar la lectura del libreto en voz alta, calienta los labios y la lengua. Repite estas sílabas: *da, de, di, do, du; ma, me, mi, mo, mu y la, le, li, lo, lu.* Haz por lo menos tres repeticiones. Es una manera de calentar.

Por otra parte, Malcom Gladwell define en su libro *Outliers: The Story of Success* (2008) la regla de las 10,000 horas de práctica como la cantidad de horas clave para ser exitosos en cualquier tarea que se realice. Este gran escritor, periodista y sociólogo establece que la repetición nos convierte en expertos.

En mi opinión, cuántas veces sea necesario que estudies y practiques la lectura del libreto para convertirte en un gran maestro de ceremonias es tu decisión. Lo que sí sé es que mientras más realices su lectura, más auténtico y creíble te proyectarás el día del evento. Además, te permitirá manejar las pausas, las entradas y salidas de los responsables de cada suceso en el programa, los anuncios especiales y, con tu voz, podrás distinguir con cortesía a los anfitriones, las autoridades y los invitados especiales.

Las siguientes páginas cibernéticas te ayudarán a engalanar tu palabra, buscar sinónimos y antónimos, y ampliar tu vocabulario para incluir en el libreto. Son mis tesoros lingüísticos. Veamos.

www.rae.es
Diccionario de la lengua española Real Academia Española
www.wordreference.com/sinonimos
Diccionario de sinónimos y antónimos
www.vocabulary.com
The Dictionary
www.elmundo.es/diccionarios
Diccionarios

Por otro lado, ensaya las palabras que no conozcas (nombres de piezas musicales en otro idioma, nombres de lugares o personajes internacionales) y escribe una nota en el libreto sobre cómo estas se pronuncian. Asimismo, busca audios en la internet para corroborar estos datos. En algunos momentos podrías sustituir aquellas palabras que te dificulta pronunciarlas, solo si no alteras el significado de lo que estás comunicando.

Aprovecha, también, esta oportunidad para incrementar tu léxico. Con la lectura del libreto, muchas veces nos percatamos de que necesitamos enriquecernos con palabras de otras profesiones. Un maestro de ceremonias siempre proyecta elegancia y claridad en su palabra.

Revisa y escucha varias grabaciones de ceremonias que se han cargado en YouTube®. Si no puedes accederlas, verifica si en tu comunidad, trabajo u organización universitaria o profesional realizaron, por lo menos, una recientemente.

Desglosa cinco cosas que aprendiste de la comunicación de estos maestros de ceremonias.

1 _____

2 _____

3 _____

4 _____

5 _____

Escribe cinco cosas que eliminarías de la comunicación de estos maestros de ceremonias.

1 _____

2 _____

3 _____

4 _____

5 _____

4

Cuando somos dos

El programa Sábado Gigante® dirigido por el famoso animador Don Francisco, presentó en uno de los segmentos de 2013 un concurso infantil conducido por dos jóvenes animadores. Estos se destacaron por su aplomo, seriedad, trato cortés hacia los concursantes y por la conexión emocional entre ellos.

Si en la entrevista te confirman que compartirás el escenario con otro animador o maestro de ceremonias, es necesario que ambos:

1 entiendan claramente el propósito del evento.
2 revisen el libreto y practiquen su lectura.
3 ensayen cada intervención y su orden.
4 conozcan el orden de precedencia de los invitados.
5 mantengan la calma cuando uno de los dos lee la parte que no le corresponde durante la ceremonia.
6 proyecten energía y emoción en todo momento.
7 evalúen cómo transcurre el evento para hacer los ajustes necesarios y terminen según definido.

Cuando compartas el escenario, pregunta al coordinador del evento dónde serán ubicados y si ambos tendrán un micrófono. Es preferible que haya dos para que los cambios de las intervenciones sean más sutiles. En el estrado, no deben bloquear la pantalla de los videos o el paso de los oradores. A pesar de los detalles que se deben considerar cuando son dos maestros de ceremonias, la experiencia es fascinante y muy enriquecedora.

Practicando la noche antes de la intervención

Repasando el libreto con Rubén Huertas

5

Prepárate para ser un maratonista

El maestro de ceremonias es como un maratonista. Debe tener mucha energía para mantenerse entusiasta durante el evento y llegar a la meta de su carrera: el cierre. Necesita resistencia y dureza mental (*mental toughness*). Para ello, debe manejar su respiración y alimentación. ¿Qué debes consumir para mantener tu rendimiento sin perder energía? Ingiere alimentos livianos como almendras, avena, guineos, pescados, frijoles, naranjas, yogur y pasas. A través de las fibras, los carbohidatros, las proteínas y la vitamina B6 que estos contienen también te ayudarán a controlar el colesterol, generar hierro, mantener sanos tus músculos y mantenerte enfocado.

Para desarrollar resistencia, camina. Mantiene la presión sanguínea en equilibrio, disminuye la resistencia a la insulina de la diabetes tipo 2, fortalece el corazón al igual que mejora la densidad ósea. Investigaciones realizadas por la Universidad de Harvard han confirmado que caminar, a un buen paso, por lo menos treinta minutos diarios reduce el infarto cerebral y que este ejercicio es más efectivo cuando lo hacemos mientras hablamos o cantamos. Es muy probable que tus intervenciones sean muy breves mientras el evento se extiende por horas. Prepárate para el maratón, mantén la calma, consume los alimentos que te dan energía y continuamente hidrata tu cuerpo. Mientras más resistencia y energía proyectes, más fuerte será la conexión con la audiencia. Serás poderoso.

6

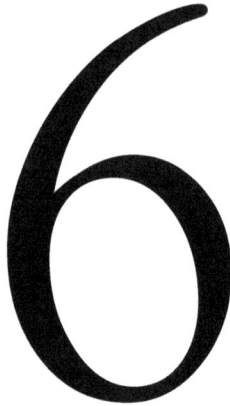

Practica la respiración cuadrada
para tu resistencia

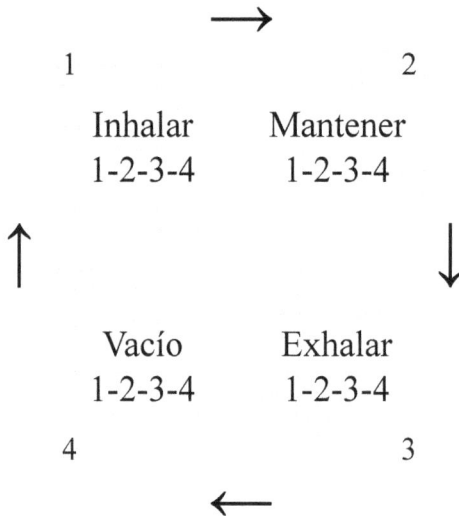

$\longrightarrow$

1   2

Inhalar   Mantener
1-2-3-4   1-2-3-4

$\uparrow$ $\downarrow$

Vacío   Exhalar
1-2-3-4   1-2-3-4

4   3

$\longleftarrow$

Como maestro de ceremonias es esencial que domines las técnicas de respiración. Cada evento es una prueba de resistencia que requiere mucha fortaleza mental y física para completar el evento con éxito.

En yoga practicamos la respiración cuadrada (*pranayama*). Es muy fácil de realizar y sus beneficios son extraordinarios por el equilibrio que logra entre el cuerpo y la mente. Desgloso algunos.

1 estabiliza el rítmo cardíaco
2 aumenta la oxigenación
3 relaja el sistema nervioso
4 mejora la concentración
5 reduce el estrés
6 incrementa el flujo de energía
7 aumenta la resistencia

Realiza esta respiración, sentado con la espalda erguida o acostado, cuatro a cinco veces al día, de la siguiente manera: inhalas por cuatro segundos, mantienes el aire por cuatro segundos, exhalas durante cuatro segundos y te mantienes en el vacío por esta misma cantidad de tiempo. Es sencilla, pero poderosa.

La respiración cuadrada te ayudará a desarrollar la resistencia para los eventos extenuantes y muchas veces maratónicos. Practícala y disfruta de sus beneficios. ¡Tu cuerpo y mente la necesitarán!

7

Alimenta tu voz

Lo que consumes, cuida tu voz

Estos alimentos, consumidos de acuerdo con la cantidad recomendada diaria que establece el Ministerio de Salud Americano (USDA), nos ayudan a incrementar nuestra resistencia a infecciones de las mucosas de la garganta y, por ende, son aliados del cuerpo para combatir las gripes y los resfriados que intentan alejarnos de los escenarios.

Alimentos ricos en vitamina A	Alimentos ricos en vitamina C	Alimentos ricos en vitamina E
zanahoria	kiwi	avellanas
calabaza	pimiento rojo	legumbres
lechuga	pimiento verde	nueces
melón	tomate	aceituna
batata dulce	fresa	aguacate
mangó	papaya	maní
col rizada	limón	almendras
albaricoque	ciruela kakadu	aceite de soya
harina integral	cereza	maní
maíz	espinaca	espárrago
arroz integral	brécol	pistacho

La cebolla, el ajo, la miel con zumo de limón y las sopas de judías verdes son alimentos que también refuerzan el sistema respiratorio. Suavizan las mucosas de la garganta, tienen propiedades antisépticas y reducen la inflamación. Este rico arcoiris de sabores y colores son tus aliados para cuidar tu voz. ¡Pruébalos!

Consejos para recordar

1 Consume alimentos que protegen tu garganta y alimentan tus emociones positivamente.

2 Sé discreto con los alimentos que resecan o irritan la garganta: galletas saladas y productos enlatados por su contenido en sal y sodio, comida frita o picante y bebidas de chocolates, té o energizantes que tengan cafeína.

3 Duerme las horas que tu cuerpo requiere para regenerarse.

4 Aléjate del humo del cigarrillo y del alcohol. Afectan severamente la garganta y la calidad del sonido de la voz.

5 Sé discreto con el acondicionador de aire.

6 Evita gritar o cantar chillando. Perjudica la calidad de tu voz.

7 No aclares la garganta con fuerza (carraspear).

8 Controla el consumo de medicamentos para anestesiar la garganta.

9 Haz ejercicios para oxigenar y cuidar tu cerebro.

10 Practica la respiración cuadrada.

Por lo menos, una vez al año visita al otorrinolaringólogo para que confirme el estado de tu laringe, nariz y oídos. Cuando tu cuerpo está en equilibrio, tu voz se manifiesta con fuerza, claridad y poder.

"Nada revela tanto el carácter de una persona como su voz."—Benjamin Disraeli

8

Crea un escudo para proteger tu garganta

Artistas como Adele, Celine Dion, Chayanne, Marc Anthony, Madonna y Rihanna han sufrido de inflamación en las cuerdas vocales. Esto, provocado por sus imparables intervenciones musicales de sus giras mundiales. Para algunos, solo ha sido necesario cancelar sus presentaciones para descansar la voz. Para otros, la receta ha incluido la microcirugía para prevenir el daño permanente a la calidad de la voz por una de estas causas: pólipos por el abuso vocal, efectos del consumo de las drogas y el alcohol, el tabaco, la tos recurrente y por la temida lesión de los vasos sanguíneos y fibras musculares en la laringe conocida como el *latigazo laríngeo*.

Al igual que estos famosos cantantes, somos profesionales de la voz. Es este instrumento el que nos permite fungir como maestros de ceremonias. A mediados de 2013 sufrí de una laringitis crónica causada por la inhalación de gases tóxicos. Por varias semanas estuve sin voz. Acostumbro a cuidar mi garganta, esto no estaba en el libreto de vida. Esta experiencia me enseñó a crear un escudo para proteger más la garganta.

Este nuevo escudo está formado por varias medidas simples, pero muy efectivas. La primera es cubrirme el cuello y la garganta con una bufanda tan pronto me levanto. Además, esta es la pieza imprescindible antes y después de cada intervención como conductora del evento. Mantiene la garganta caliente.

Otra medida que opté es evitar aquellos lugares donde el aroma perfumado es el olor de la pintura, los vapores de los detergentes industriales, el diésel de los camiones o la gasolina de las plantas eléctricas. Estos agentes irritantes son nocivos para la garganta. ¡Aléjate!

Asimismo, ahora tomo más agua para mantener la garganta hidratada. Ayuda a preservar en buen estado las cuerdas vocales, limpia el fluido de la mucosidad que se acumula en la garganta y evita que los ácidos excesivos del estómago suban a través del esófago y las dañen.

De igual modo, comencé a enfocarme más en conocer la calidad del aire que respiro y mantenerme informada sobre fenómenos naturales como tormentas de arena y erupciones volcánicas que impactan el estado óptimo de la voz. A finales de 2013 el polvo del Sahara y la erupción del volcán Chaparrastique de El Salvador afectaron también mi sistema respiratorio y, por ende, la voz. El aire estaba cargado de partículas de hierro, sal, esporas, hongos, azufre y cenizas, una combinación nefasta para cualquier profesional de la voz. De esta experiencia aprendí a monitorear con frecuencia la calidad del aire a través de la American Academy of Allergy, Asthma and Immunology™. En su página web (www.aaai.org/nab) podrás validar, por lo menos, la presencia de esporas y hongos en los Estados Unidos, Puerto Rico, Canadá y Argentina.

Otros artistas como Britney Spears, Bono y Bon Jovi igualmente experimentaron los efectos de la calidad del aire. En esta ocasión, el aire contaminado de Las Vegas afectó la calidad de sus voces y padecieron del legendario *Vegas throat*. El aire del desierto cargado por el polen, el polvo, los gases de los autos del *tsunami* de turistas que visitan anualmente a esta ciudad al igual que el aire de los casinos y el humo excesivo del cigarrillo son los responsables de que la garganta se inflame y se sufra de un agudo dolor de garganta. No estamos exentos de enfermarnos; sin embargo, si conocemos la calidad del aire que respiramos podemos tomar medidas para proteger nuestra garganta y preservar saludable la voz.

Como maestro de ceremonias es importante que siempre cuides tu garganta. Esa voz tiene que ser clara y transparente para que las palabras sean entendibles y con la fuerza necesaria para deleitar a los oyentes. Estas experiencias cambiaron la manera de proteger mi garganta. Tan pronto siento que se acerca un resfriado, activo el escudo que describí previamente. Tomo agua tibia con una cucharadita de jugo de limón y miel y realizo gárgaras de agua con sal varias veces al día para alejarlo. Si persiste, acudo rápidamente al médico. Perder la voz fue una experiencia aterradora; no obstante, llenó mi vida de bendiciones porque permitió que hiciera introspección de cuánto la cuidaba y cómo protegerla más. ¡Cuida tu voz!

9

Pronuncia los números con elegancia

¿Es la quincuagésima séptima o la quincuagésima octava ceremonia inaugural?

La ceremonia inaugural de toma de posesión presidencial de Barack Obama del 21 de enero de 2013 fue la quincuagésima séptima en los Estados Unidos. El maestro de ceremonias, el senador Charles Ellis "Chuck" Schumer, en su mensaje de bienvenida mencionó el número cardinal de esta extraordinaria celebración.

Como maestro de ceremonias es importante utilizar los numerales cardinales correctos para identificar la edición de las ceremonias o actos que se llevarán a cabo. Comparto esta lista de numerales cardinales (Morales y Vega, 2011). Ejemplo: "Esta será la cuadragésima segunda entrega de los premios *La guitarra de oro*. Bienvenidos".

1 primero, primer
2 segundo
3 tercero, tercer
4 cuarto
5 quinto
6 sexto
7 séptimo
8 octavo
9 noveno, nono
10 décimo
11 decimoprimero o undécimo

12 duodécimo o decimosegundo

13 decimotercero

14 decimocuarto

15 decimoquinto

16 decimosexto

17 decimoséptimo

18 decimoctavo

19 decimonoveno o decimonono

20 vigésimo, vigésimo primero, trigésimo segundo,...

30 trigésimo, trigésimo primero, trigésimo segundo,...

40 cuadragésimo, cuadragésimo primero, cuadragésimo segundo,...

50 quincuagésimo, quincuagésimo primero, quincuagésimo segundo,...

60 sexagésimo, sexagésimo primero, sexagésimo segundo,...

70 septuagésimo, septuagésimo primero, septuagésimo segundo,...

80 octogésimo, octogésimo primero, octogésimo segundo,...

90 nonagésimo, nonagésimo primero, nonagésimo segundo,...

100 centésimo

Conocer cómo se pronuncian con elegancia estos números te permitirá ser un maestro de ceremonias para recordar. Cuando se aprende para crecer, el éxito en lo que haces se torna imparable.

Escucha con atención distintos anuncios de televisión, radio y de las redes sociales por varios días. En esta sección, registra los números más utilizados y si estos fueron pronunciados correctamente.

Emisora	Programa TV	Redes sociales

10

Aprende a caminar en la oscuridad

Caminando en la oscuridad

Mi hermana, Weyna, ha fungido en varias ocasiones como animadora y maestra de ceremonias. En una ocasión, tuvo que ensayar la cantidad de pasos necesarios que tenía que dar para salir tras bastidores hasta llegar al escenario. La ceremonia de juramentación era de noche. La entrada hacia el escenario se iluminaría una vez alcanzara su lugar en la tarima. Fue un gran reto.

Cuando llegó a su lugar, sintió que caminaba por el aire. Se dio cuenta que valió la pena ensayar tantas veces, a pesar del nerviosismo. La experiencia de caminar en la oscuridad le permitió desarrollar otros sentidos para manejar este inigualable desafío y disfrutarlo con emoción como conductora de ceremonias.

Esta historia no solo demuestra los retos que tenemos cuando somos maestros de ceremonias, sino la importancia de conocer el lugar previo al día en que se celebrarán las actividades y dominar su entorno. Si por alguna razón no tienes acceso a las instalaciones y no puedes ensayar con anticipación, solicita fotos o un video del escenario. Esto te ayudará a preparar tu mente y tu cuerpo para dominar el escenario, con o sin luz. Si te toca vivir la experiencia de mi hermana, recuerda su historia. Aprende a caminar en la oscuridad y llénate de valor para hacerlo. ¡Sí se puede!

11

Que tu paquete personal sea convincente

Los primeros cuatro segundos hacen que una persona se sienta a tu favor o en tu contra, con tan solo verte. La manera en que te proyectas es la única área de tu vida de la que tienes control (Falke, 1990). Ese primer juicio basado en la observación es influenciado poderosamente por la vestimenta. Esta hace que los demás acepten o no tu invitación a establecer con ellos relaciones sociales y profesionales. Cuando llegamos al lugar del evento, por lo menos, esa primera impresión provoca que aprecien o evalúen de nuestra presencia lo siguiente:

1 grado de experiencia en la materia
2 integridad
3 confiabilidad
4 nivel económico
5 nivel educativo
6 posición social
7 nivel de éxito
8 carácter moral
9 grado de sofisticación

Para ello nuestro paquete debe llamar la atención de quienes nos rodean. Sostiene William Thourlby (1992) que la realidad es que tú eres como te vistes. Nina García (2007) afirma que la ropa y la moda cambia nuestra actitud y cómo nos vemos. Por eso, es importante seleccionar y ensayar con la vestimenta previo al día del evento. Te ayudará a proyectarte con poder.

Vestimenta para los actos o celebraciones

Cuando te contratan como maestro de ceremonias y te entrevistas con el coordinador del evento, es menester preguntar cuál será el código de vestimenta o tipo de etiqueta requerido.

De manera general, las normas de vestir para los caballeros están muy definidas, y son las que determinan cómo irá su acompañante. Si es un evento semi formal o medio etiqueta, se sugiere que el hombre vista un traje de color oscuro y la dama, un vestido corto de cóctel o traje de chaqueta. Si es una gran gala, este vestirá un frac y la dama, lucirá un traje largo. ¡En la ceremonia de los premios Oscar® hasta los periodistas visten un esmoquin!

Mañana o tarde	*Tarde o noche*	*Noche gran gala*
chaqué	esmoquin	frac (tailcoat)
*chaqueta tiene forma de levita con faldones en la parte de atrás	*considerado como un traje de fiesta. Su pantalón tiene una cinta de tela brillante en cada lado.	*chaqueta es corta por delante y larga por atrás

Como maestro de ceremonias es importante seleccionar la prenda según el tipo de evento y su hora. Sobre todo, hay que destacar siempre la elegancia y el buen gusto.

Etiqueta sugerida, según el momento del día

Hora/momento	Caballero	Dama
Mañana o tarde	chaqué con corbata (reservado para las bodas o actos protocolarios que lo requieran)	vestido de cóctel, vestido corto (largo de la falda por la rodilla o unos centímetros por debajo)
Tarde o noche	esmoquin con corbata de lazo o moño.	para cenas o galas, vestido largo sin tocar el piso (se ven los zapatos).
Noche (estricta etiqueta o gran gala)	frac (traje de máxima etiqueta. Engalana las ceremonias de los premios Nobel® y las cenas de Estado. En la mañana, se usaría solo si es muy solemne la ceremonia).	vestido largo que toque el piso (no se ven los zapatos).

Consejos para caballeros

1 Usa el cabello según la estructura de la cara.
2 Viste corbata o moño, de acuerdo con la formalidad del evento. Enlace web: *www.tie-a-tie.ne*t
3 Cuello de la camisa siempre planchado.
4 Consulta primero los detalles sobre el lugar, la hora y la ocasión para determinar la vestimenta.
5 Barba y bigote discretos.
6 Zapatos limpios, oscuros.
7 Medias que cubran tu piel.

Consejos para damas

1 Cabello según la estructura de la cara y peinado de acuerdo con el tipo de evento.
2 Maquillaje discreto. Para los colores por estación, accede esta página cibernética: *www. colormebeautiful.com*
3 Manicura francesa o colores discretos.
4 Pocos accesorios, menos de diez.
5 Medias de nilón para zapatos cerrados.
6 Consulta primero los detalles sobre el lugar, la hora y la ocasión para determinar la vestimenta.

Recuerda que tu vestimenta y paquete personal son poderosos. Logran que la audiencia decida escucharte y atenderte en tan solo cuatro segundos. Como decía el gran aventurero y escritor Mark Twain: *"La ropa hace al hombre. La gente desnuda tiene poca o nada de influencia sobre la sociedad."*

Consejos generales

1 Cuida tu piel, tus manos y tu aliento.
2 Blanquea tus dientes, si fuera necesario. Visita tu dentista o utiliza remedios caseros para frotar los dientes con pedacitos de fresas o china, por varios días hasta que logres el efecto deseado. En la página web de Vida Lúcida *(www.unavidalucida. com.ar)* se sugiere blanquear los dientes con polvo de carbón (siempre con discreción).
3 Usa corrector de ojeras en gel para evitar que con la luz parezcas pálido o cansado.
4 Limpia la cara para que no se perciba con brillo o grasosa. Usa desodorante cremoso en la parte superior de los labios. Te ayudará a controlar el sudor de esta área durante el evento.
5 Selecciona la vestimenta según el propósito o tema del evento. Algunas asociaciones tienen galas con temas, por lo que es requerido que te vistas con las normas de vestimenta del evento.
6 Utiliza vestimenta limpia y siempre muy planchada.
7 Revisa los botones de tu vestimenta.
8 Usa zapatos limpios y brillados. Lustro los zapatos con aceite de naranja (excluyo los de tela y piel).

Datos curiosos sobre la vestimenta y los accesorios

Amigo lector, comparto siete historias enmarcadas en la vestimenta y en la proyección del paquete personal.

1 El Príncipe Felipe de Calabria vestía hasta dieciséis pares de guantes en sus manos, por lo mucho que estos le gustaban. Ciertamente llamaba la atención en las ceremonias.

2 Pedro el Grande, de Rusia, ordenó en 1705 que dejara de usarse barba porque esta era incómoda. Aquellos que se negaban a cumplirlo y la exhibían en público, se les penalizaba con un impuesto.

3 En la exhibición *George Washington: A National Treasure,* del Smithsonian National Portrait Gallery de 2006, en los Estados Unidos, se resaltó que dicho presidente vistió un simple traje marrón con botones adornados con águilas para su inauguración presidencial de 1789. Con su atuendo de Hartford (Connecticut) proyectó su orgullo por la nueva nación.

4 El vestido blanco de novia hasta la década de 1950 solo lo adquirían las mujeres de familias adineradas. Era un símbolo de riqueza hasta que las actrices de Hollywood como Grace Kelly lo usaron a través de la televisión.

5 En el 2011 se conmemoró el nacimiento de la prenda del esmoquin de dos maneras distintas. Una, por los 125 años de su introducción por Griswold Lorillard en la gala de debutantes del Tuxedo Park de New York. La otra, por los 146 años de su aparición gracias al Princípe de Gales, Edward VII. Esta prenda ha sido controversial por la veracidad de la fecha de su introducción.

6 La actriz Anne Hathaway ha sido la animadora más joven en la historia de la entrega de los premios Oscar® con veintinueve años, al momento de esta publicación. En la octogésima tercera ceremonia lució ocho espectaculares vestidos de famosos diseñadores (Hola, 2011).

7 En la entrega de los premios Grammy® de 2012, la cantante norteamericana Nicki Minaj desfiló vestida con un hábito rojo y acompañada por un hombre personificando al sumo pontífice. De manera intencionada, fue el centro de atención.

Los extremos en la selección y uso de la vestimenta probablemente alteran de manera negativa el sabor de una ceremonia. Como maestro de ceremonias, viste con discreción y conforme al tono del evento. La elegancia siempre se proyecta desde nuestro interior al exterior. Que tu paquete personal continuamente te haga brillar y conectar con los demás.

Un accesorio de moda para el tiempo

Imagínate lograr una hazaña sin saber que eres el protagonista. Alberto Santos Dumont, uno de los pioneros de la aviación, ganó la carrera del premio *Deutsch de la Merthe* en Francia el 19 de octubre de 1901. Santos dio la vuelta a la famosa Torre Eiffel en un dirigible en menos de treinta minutos. Lo increíble es que en ese momento no sabía que había ganado hasta que llegó al sorprendente restaurante Maxim's. Al entrar, todos se pusieron de pie y lo felicitaron por su hazaña.

Cuenta la historia que su amigo, el famoso joyero, Louis Cartier, le preguntó la razón de haber dejado su reloj para conocer el tiempo de su carrera. Santos le comentó que lo llevaba; sin embargo, necesitaba ambas manos para manejar el dirigible, por lo que no pudo sacarlo del bolsillo. Gracias a este suceso (Trebede, 2010), Cartier diseñó el exquisito reloj rectangular y plano de pulsera. Fue el primer reloj de pulsera creado en el mundo y se llamó *Cartier Santis* en honor a su gran amigo. En el 1907 Santos Dumont usó este distinguido obsequio para cronometrar su próxima hazaña de tan solo 21 segundos. Como maestro de ceremonias, el tiempo marca el compás del desarrollo del programa. Usa un reloj o un accesorio que te permita cumplir con la hazaña de conducir magistralmente un evento.

"La moda es la pugna entre el instinto natural de vestirse y el instinto natural de desnudarse."
—Pitigrilli

12

Conecta con el color de tu personalidad

¿Podría un color determinar nuestro tipo de personalidad y ayudarnos a manejar las relaciones humanas como maestro de ceremonias? De acuerdo con el investigador y sicólogo Hartman esto es posible (1999, 2013). Este propone cuatro tipos de personalidades a los cuales se les asocia un color definido por un grupo de rasgos. Al comprenderlos nuestras conexiones personales y profesionales mejoran grandemente.

Para descubrir el color que se asocia a tu personalidad, toma la prueba en la página cibernética *www. colorcode.com (personality_test)*. Aunque somos una combinación de colores, tenemos un color que predomina y nos caracteriza. Me fascina el color azul y con regularidad lo uso en la vestimenta. Cuando tomé la prueba, pude relacionar mi comportamiento con el color y lo que propone Hartman. Entender los rasgos de la personalidad ciertamente ayudan a comprender nuestras reacciones, cómo podemos tratar mejor a los demás y cómo podemos conectarnos con poder.

Personalidades por color

Características del rojo: Líder y comunicador. Es lógico y estructurado, adicto al trabajo y enfocado en alcanzar las metas. Motivado por el poder y el deseo de ser respetado. No pierde tiempo en detalles que no aportan valor.

Impacto como maestro de ceremonias

Si eres rojo, nada te detiene. Los retos son atractivos para ti porque eres muy competitivo. Cuando te reúnas con el coordinador del evento, escucha con paciencia los detalles. Sé flexible y sensitivo a las necesidades de las otras personas.

Características del azul: Perfeccionista, leal y busca siempre complacer a los demás. Su trabajo se caracteriza por la excelencia, la exigencia y el manejo de la planificación y sus innumerables detalles. Tiene la necesidad de ser apreciado y ser reconocido.

Impacto como maestro de ceremonias

Si eres azul, maneja los detalles del programa de la ceremonia sin que estos dominen tu vida y sin que los demás piensen que deseas controlar de manera obsesiva el evento. Sé más optimista. ¡Te lo dice alguien que le encanta el azul!

Características del blanco: Pacificador y negociador. Busca el equilibrio en su vida y en la de los demás. Es paciente y pasivo. Asiduo a las cosas simples de la vida.

Impacto como maestro de ceremonias

Si eres blanco, tienes la cualidad de escuchar y ser diplómatico. Sin embargo, tomar decisiones ante situaciones imprevistas en las celebraciones del evento, pueden abrumarte. Enfócate en prepararte para estas situaciones y responde con prontitud.

Características del amarillo: Ama la libertad. Se proyecta con mucho positivismo, disfruta del contacto social y del buen vivir. Prefiere la diversión antes que una actividad de trabajo. Le encanta ser el centro de atención.

Impacto como maestro de ceremonias

Si eres amarillo, aprende a manejar las tareas. También, el tiempo y el estrés que ocasiona, muchas veces, dirigir las ceremonias o los actos. Permite que otros colaboren contigo y puedas escuchar sus opiniones. Notarás la diferencia.

Como maestro de ceremonias es nuestra responsabilidad entender el lenguaje de las emociones humanas. Trabajamos en equipo y su composición, por lo general, es rico en temperamentos que conforman las personalidades. La propuesta del doctor Hartman a base del color es una manera sencilla de ayudarnos a comprender las acciones de nuestro comportamiento y cómo podemos acercarnos más a los demás cuando hacemos unos pequeños ajustes. ¡Conecta con el color de tu personalidad!

13

Relájate y duerme

La noche anterior al evento, relájate y duerme. Tu mente debe estar tranquila. Para ello, haz lo siguiente:

1   Reduce el consumo de sal. Es prioridad mantener en equilibrio el sistema nervioso y el corazón. El exceso de sal afecta el sueño. Evita las comidas procesadas o en latas, ya que contienen mucha sal.

2   Consume alimentos frescos. Se recomienda comer cuando estamos en un estado emocional balanceado. Es la mejor manera de disfrutar de la experiencia positiva del comer (Chopra, 2013).

3   Reduce el consumo de azúcar refinada. El cuerpo deja de extraer energía, se apaga y te sentirás fatigado, poco concentrado y sin sueño. Es preferible usar miel.

4   Antes de acostarte, toma un té sin cafeína o una infusión de jenjibre, camomila o manzanilla. Te ayudará a relajarte.

5   También practica algunas posturas o asanas de yoga. Calmarán tu mente y relajarán tu cuerpo para dormir.

Estas páginas web de yoga (*www.bikramyogamonterrey. com y yogaesmas.com)* muestran varias asanas para relajar el cuerpo y lograr que circule mejor la sangre. Mis favoritas son la *savasana* (cuerpo muerto) y *viparita karani* (piernas sobre la pared). Escoge la más apropiada para ti. ¡Duerme feliz!

Natarajasana

Utthita trikonasana

Virabhadrasana

Dhyana

El día del evento

14

Lleva tu *kit* de emergencia

Kit de Emergencia

Preparar un *kit* como este te ayudará a manejar cualquier situación. Incluye artículos esenciales para ti y para el evento.

☐ Toallas desechables para la cara y manos

☐ Costurero y tijeras

☐ Marcadores, engrapadora, presillas y cinta adhesiva

☐ Espejuelos y/o lentes de contacto adicionales

☐ Curitas y tiras adhesivas

☐ Desodorante, mentas y botella de agua

☐ Manteles

☐ Cepillo de dientes, pasta dental y enjuague bucal

☐ Baterías extras para el micrófono

☐ Vendajes

☐ Un par adicional de medias de nilón y esmalte de uñas para repararlas

☐ Sobres de azúcar

☐ Lámpara pequeña para iluminar libreto

☐ Tarjetas blancas para que tu asistente te comunique información

☐ Etiquetas y números para organizar tus intervenciones

☐ Extensiones para la electricidad

☐ Bocinas de audio portátiles

☐ Antiácidos y analgésicos

☐ Toallas desechables de alcohol y algodón

☐ Linterna de tamaño regular

15

Revisa el color de tu lengua

Mi dentista siempre acostumbra a examinar la lengua. La primera vez que lo hizo me sentí extraña porque otros dentistas nunca lo hicieron. Un día le pregunté la razón de hacerlo y este me contestó que la lengua habla a través de su color. Nos da señales para confirmar con los análisis de laboratorios si tenemos una enfermedad crónica, infecciones orales, padecimientos intestinales y digestivos, diabetes, gastritis, faringitis, entre otros. ¡Cuán poderosa es la lengua!

Antes del evento, revisa el color de tu lengua. Señala la terapeuta natural Laura Garcés (2010) que la lengua es capaz de indicarnos cuando un órgano o sistema del cuerpo no está en equilibrio. Si tu lengua tiene un color rosado, proyectas muy buena salud y tu mente y cuerpo están en balance. Esta es una combinación perfecta para que ese día seas un maestro de ceremonias poderoso.

Sin embargo, si esta se muestra reseca y de color rojiza o blancuzca, es muy probable que te sientas irritado, tenso o ansioso. Tu estómago al igual que tu intestino también podrían sentirse de esa manera. Necesitas, por lo menos, agua para mantenerte hidratado y aumentar el flujo de la salivación. (Aviso: si tu lengua persiste en mantener el color blancuzco o rojizo a pesar de la hidratación, visita a tu médico favorito tan pronto puedas). Para que te sientas muy hidratado y animado antes del evento, sugiero lo siguiente:

➢ Discreción con medicamentos. Según el National Institute of Dental and Craniofacial Research (2012), más de cuatrocientos medicamentos tienen efectos secundarios que pueden hacer que las glándulas salivales produzcan menos saliva (medicamentos para la presión arterial, depresión, entre otros).

➢ Toma, por lo menos, ocho vasos de agua para que la saliva te permita masticar, tragar con facilidad y para que menos residuos de alimentos se peguen en tu lengua. Evitarás que se produzcan aftas bucales o se desarrolle la halitosis (aliento fétido).

➢ Consume manzanas, zanahorias crudas, tallos de apio. Estos alimentos requieren que mantengas la mandíbula en constante movimiento, lo que incrementará la producción de la saliva.

➢ Para estimular la generación de saliva, masca gomas o chupa caramelos sin azúcar, come dulces con canela. Mientras más saliva, más protección tendrás en la boca contra las bacterias y hongos.

➢ Cepilla la boca y la lengua varias veces al día. El enjuagador bucal no debe tener alcohol porque seca la boca (algunos enjuagues bucales tienen químicos que se usan para desinfectar los baños).

➤ Haz enjuagues de sal con bicarbonato de sodio. Infusiones de romero o de jenjibre también ayudan a mantener una excelente higiene bucal.

➤ Toma jugos de china o agua con limón para mantener la boca húmeda.

➤ Evita las cafeínas y el alcohol. Mientras menos consumas, menos veces irás al baño y menos agua eliminarás del cuerpo.

➤ Evita fumar. Irrita tu garganta y tu boca. Empeora la sequedad bucal.

Como parte de tu rutina de higiene bucal, revisa la pasta de dientes que usas. Las pastas comerciales contienen el químico *lauril sulfato de sodio (SLS)* que se ha comprobado que reseca la boca y genera la sensación de tener menos saliva. Considera probar una pasta orgánica para mantener saludable tu lengua y tu boca.

Estas son algunas recomendaciones para mantener tu boca hidratada, antes y durante el evento. Cuando la boca se siente seca, las palabras tienden a pronunciarse con dificultad. Examina tu lengua antes y durante el evento porque su color y apariencia te hablan de cómo te sientes y cómo impactaría tu intervención. Si la condición de la boca seca persiste, consulta con tu médico o dentista. Tu lengua habla, préstale atención.

16

Elimina el ruido de tu palabra

Tanto las muletillas verbales (algunos ejemplos: ah, eh, um, ajá, verdad, *ok)* como ciertas expresiones, que por uso y costumbre creemos que son correctas, distraen a la audiencia mientras fungimos como maestro de ceremonias. Si no aportan a la elegancia del mensaje, elimínalas de tu comunicación.

Se requiere mucha determinación (Koegel, 2007) para erradicar las muletillas, el ruido o el grafiti al comunicarnos. El tiempo que le toma a una persona promedio eliminar ese ruido en su comunicación varía, puesto que depende de cuánto trabaja para percatarse del mismo y no repetirlo. Cuando grabas y revisas tus intervenciones o practicas tus mensajes con un familiar, estás trabajando para erradicar este graffiti de tu palabra.

Expresiones ruidosas de sonido y redundancias

I. *Relacionadas a la intensidad del sonido*

En una gala para recaudar fondos, el maestro de ceremonias preguntó a los participantes: "¿Me escuchan atrás?". Debió preguntar: "¿Me oyen fuerte?"

De acuerdo con el Diccionario de la Real Academia Española, oír es percibir con el oído los sonidos; y escuchar, aplicar el oído para oír, prestar atención a lo que se oye. Cuando nos referimos a la intensidad del sonido (fuerte, suave, débil), el término correcto es oír.

II. *Redundancias*

En esa misma gala, se pronunciaron los siguientes cinco ejemplos de redundancias y contradicciones. Veamos.

Incorrecta: "¿Qué les parece si comenzamos de nuevo?".

Sugerida: "¿Qué les parece si comenzamos?".

♦ ♦ ♦ ♦ ♦

Incorrecta: "Les repetiré de nuevo, tendremos la cena en breves minutos".

Sugerida: "Les recuerdo que se servirá la cena en unos minutos".

♦ ♦ ♦ ♦ ♦

Incorrecta: "Estos oficiales en su gran mayoría son...".

Sugerida: "Estos oficiales en su mayoría son...".

♦ ♦ ♦ ♦ ♦

Incorrecta: "Me llama la atención...no".

Sugerida: "Me llama la atención...".

♦ ♦ ♦ ♦ ♦

Mientras más claro, simple y entendible sea tu mensaje, más fuerte será la conexión con la audiencia. Como dice mi mentor, Rubén Huertas: "¡no queremos ser como unas bocinas de auto sin parar de sonar!".

"Algunos encuentran el silencio insoportable porque tienen demasiado ruido dentro de ellos mismos."

—Robert Fripp

17

Al rescate de los ojos cansados

Mi abuela, Ana Rosa, nos deleitaba con los exquisitos aromas de su comida al igual que por sus remedios caseros para vernos mejor. Sobre todo, cuando la noche anterior reconocíamos que el sueño se nos había escapado. De ella aprendí a usar la papa para disminuir la hinchazón de los capilares que se muestran debajo de los ojos por una noche larga sin dormir. Por la mañana, la pelaba y cortaba en varias ruedas; en otras, la majaba (sin cocinarla). Esta pasta o puré jugoso refrescaba el área de los ojos con tan solo 10 a 15 minutos de untarla. El corrector de ojeras funcionaba mejor luego de esta terapia de belleza.

Con los años decidí investigar la razón de su poderoso efecto en esta área hipersensitiva de los seres humanos. Descubrí que su almidón es el responsable de suavizar la piel y que asimismo se usa para ojeras y tratar la conjuntivitis. Es un remedio sencillo y de efectos instantáneos. Mientras más la utilices, más rápido se reducirá la hinchazón causada por la pérdida del sueño.

Cuando te desempeñas como maestro de ceremonias, tu proyección visual debe revelar mucha energía. Si la yoga, el té o la rutina del caminar no te ayudan a conciliar el sueño, este remedio casero de mi abuela te animará a proyectar los ojos con vitalidad. Si persiste esta condición, visita a un profesional de la salud. Es el mismo propósito. ¡Al rescate de los ojos cansados!

18

La fuente de la juventud y de la resistencia: el agua

Cuenta una leyenda que el conquistador español, Juan Ponce de León, emprendió una expedición en 1513 con el fin de descubrir la fuente del agua, la fuente de la inmortalidad, la fuente que curaba todos los males del cuerpo. Aunque nunca la encontró, nosotros sí la tenemos al alcance y, como maestro de ceremonias, animador o presentador, es necesario tomar de esa fuente de la juventud para aumentar nuestra resistencia.

Algunos de los beneficios de tomar agua diariamente:

1. regula la temperatura del cuerpo.
2. reduce los calambres.
3. disminuye la fatiga y estimula la concentración.
4. ayuda a mantenerte despierto y lúcido.
5. incrementa la energía por el oxígeno de la sangre.
6. hidrata las mucosas de la nariz, garganta y pulmones.
7. evita la inflamación de las encías.
8. un estudio de Loma Linda University de 2002 publicó que beber cinco vasos diarios o más puede reducir las probablidades de morir por un infarto.
9. reduce los dolores de cabeza, la irritación y el riesgo de contraer enfermedades en el hígado y los riñones.

Antes y durante el evento, toma la cantidad apropiada para ti. Debes hidratarte lo suficiente para mantener alto tu nivel de energía y que las palabras se escuchen claras y correctas. ¡El agua: la fuente de la juventud y la energía!

19

Para sentirte más confiado, a cualquier hora y en cualquier lugar

Estos cuatro consejos te ayudarán a sentirte más confiado y seguro el día del evento. Son muy efectivos. ¡Practícalos!

Dicción: Para relajar las mandíbulas y lograr que el sonido de las palabras sea claro y poderoso, masajea las mismas por unos instantes con las yemas de los dedos, girando de derecha a izquierda. Este masaje lo aplico también antes de presentar discursos. Notarás la diferencia en la calidad del sonido.

Energía: Por dos minutos consecutivos, levanta los brazos. Se reduce el estrés y aumenta la testosterona. Gracias a los estudios de Harvard, tenemos una manera rápida de recargar la energía. Cuando los atletas de pista y campo se aproximan a la recta final y les falta energía, levantan sus brazos para recargarse. ¡Funciona!

Memoria: Lee un párrafo de un artículo de la internet, alguna revista o libro de tu preferencia. Marca la letra 'S' o la letra 'R' durante treinta segundos. Luego, verifica lo que identificaste. Repite este ejercicio con párrafos distintos y con otras letras. Notarás que incrementa tu capacidad para recordar datos durante el evento.

El cerebro es el centro que maneja y controla nuestros pensamientos, la memoria, cómo hablamos y nuestros movimientos. Necesita ejercitarse y mientras más leas, más lo ayudas a mantenerse saludable, vivo. En las próximas páginas encontrarás dos ejercicios para estimular al cerebro (buscapalabras de premios famosos y una página para identificar letras). Practícalos tantas veces gustes.

Vestimenta: Para sentirte cómodo cuando usas zapatos nuevos, colócalos en una bolsa plástica en el congelador de la nevera la noche antes o el mismo día del evento. Sentirás que los zapatos se amoldan mejor a tus pies. Te cansarás menos cuando estés de pie.

Aprovecha y practica estos cuatro consejos en cualquier momento y en cualquier lugar. Te sentirás listo y confiado en tu flamante rol de maestro de ceremonias.

Buscapalabras de Premios Famosos

```
G V G W M Q Z K N O V J T B T U G M L B
P U E X W L D U Q O M I V X C U L T A P
Q U R O G R V O P I B V J J F N U L R C
B J L P G P U G T L J E U T C W O I K M
K I F I R P O S V X J H L N G N N V A Y
S A L A T H T W N N Q F V K D C E J I F
H M C L T Z M Y O Q T J G E I D W W O K
R S A E B A E U U K Q M O P E K X I A X
O X Q R V O Z R V U Y R E E C V M X F W
I E F C T U A M X A O D H A I A R F S A
A B J S P I V R X G E U U G O K P N R U
Z O Q M D Z N E D A L X Z A H B H X U K
C L N O N I E F S Q I M T K C R J F D B
J G V W A X J T I N W Y T Z S E M M Y F
P N J V S S U K Y E C G E U C O G G I W
X E H O F R F L M V R V O H I L N J V Z
W D O W I X E F M V P R I X T T A Y O G
H L F A M I S O A M C Y O Q I Q P D E B
G O S N R E Z N R N O E C X R A Z P O M
D G U A L Y U L G S Z M X P C E M X T W
```

AFI	Ariel	Balón de Oro
Billboard®	Critics Choice	Emmy®
Golden Globe®	Goya	Grammy®
Martin Fierro	Nobel®	Oscar®
Príncipe de Asturias	Pulitzer®	

Identifica las letras 'R' y 'S'

Para activar la concentración y la memoria, practica este ejercicio de observación. Del libro *El Poder de la Oratoria* (2012) tomé la siguiente sección para que identifiques y marques en treinta segundos la letra 'R' en los primeros dos párrafos. Al transcurrir el tiempo, revisa en detalle si marcaste todas las 'R'. Fotocopia dicha página y repite este ejercicio varias veces en la semana. Con cada intento notarás cuánto mejora tu concentración y tu memoria.

Registra la cantidad de las 'R' identificadas

_____ primer intento　　　_____ segundo intento

_____ tercer intento　　　_____ cuarto intento

Para los últimos párrafos (desde Jim Rohn hasta Mis actitudes), marca la letra 'S' cada vez que la reconozcas. El tiempo es el mismo, treinta segundos. Luego, verifica cuántas 'S' identificaste. Repite este ejercicio varias veces en la semana.

Registra la cantidad de las 'S' identificadas

_____ primer intento　　　_____ segundo intento

_____ tercer intento　　　_____ cuarto intento

QUE TUS PALABRAS REVELEN TU CORAZÓN

Lo que decimos, pensamos y proyectamos son un reflejo de nuestro interior, de quienes somos. Las palabras que usamos pueden causar malos entendidos, destruir negocios y disolver matrimonios. Cuando enuncio: "Te equivocaste", ¿cómo se sentirá el que lo escucha?

En la oratoria cada palabra puede impulsar a una persona de la audiencia a cambiar su vida o decidir que se mantendrá igual. Cuida tus palabras y que sean estas las que persuadan a los que escuchan a realizar algo nuevo, distinto y positivo para ellos.

Jim Rohn, uno de los filósofos empresariales más exitosos del mundo, decía: "La meta de la comunicación eficaz debe ser que el que escucha asevere, "¡Yo también!" en vez de "¿A mí, qué? Para que la comunicación sea efectiva, debe ser breve. Jesús dijo, "Sígueme". Eso se llama brevedad. Este se había convertido en aquello que comunicaba sin tener que decirlo (Rohn, 1993). No es lo que digas, sino cómo la audiencia escuchó el mensaje y cambió su vida. Cuando prepares el mensaje del discurso, reflexiona primero en:

Mis palabras	*Cómo podrían ayudar a quienes las escuchan*
Mis pensamientos	*Son positivos o negativos*
Mis actitudes	*Demuestran que edifico o destruyo esperanzas*

20

Llega temprano y haz
un diagnóstico

Comparto las siguientes notas relacionadas al diagnóstico que debes realizar previo al evento, sobre los equipos y la audiencia. Esto te permitirá controlar las sorpresas y reducir la tensión que genera conducir un evento cuando buscamos la perfección.

Llega por lo menos una hora antes. Esto te dará suficiente tiempo para confirmar si los equipos del micrófono, audiovisuales y otros están conectados y funcionan. Realiza distintas pruebas de sonido antes de que los participantes o invitados lleguen al salón. No golpees al micrófono, provocará ruido innecesario.

Verifica la iluminación del área donde te ubicarás. Mientras ensayaba para un evento al aire libre, la luz de las lámparas de la instalación era tan fuerte que cientos de insectos se arremolinaron en el estrado y entraban en mi boca. Los organizadores optaron por apagarlas previo al inicio del programa. ¡Al rescate, la linterna del celular!

Confirma que todos los participantes estén presentes. Haz los ajustes en el libreto, de ocurrir alguna sustitución. Procura, también, relacionarte con la audiencia antes de comenzar el evento. No solo conectas con los asistentes, sino que es muy probable que necesites a varios de ellos durante la entrega de premios (*actos privados*). Conocerlos te asegurará su disposición para ayudarte en ese momento. ¡Llega temprano y haz un diagnóstico!

Durante el evento

21

Popurrí de estrategias

Este popurrí comprende diversas estrategias simples y muy prácticas para que tu conducción sea poderosa.

Asegúrate de que el cabello no tapa tu cara. Mientras más cabello sobre la cara, más la tendencia a tocarlo. De igual manera, no te toques constantemente la nariz.

Usa vestimenta de acuerdo con la hora, instalación y motivo de la ceremonia. Si llevas chaqueta, recuerda siempre mantenerla cerrada. Si usas un bolígrafo y hace mucho calor, no lo guardes en el bolsillo de la chaqueta. En un evento, mi compañero guardó su bolígrafo en el bolsillo y, por el calor, explotó. Arruinó su camisa y su chaqueta. Aprendimos esa noche, una gran lección.

Comienza a conducir la ceremonia o los actos a la hora establecida. Termina a la hora designada.

Si no eres presentado por el coordinador del evento (*cuando aplique*), preséntate ante la audiencia, explica someramente tu función y qué se espera que transcurra durante el programa. Destaca la importancia de la celebración del evento y proyecta que la audiencia es bienvenida y es la estrella de ese día. Sé siempre respetuoso, paciente, elegante, formal y divertido.

Resalta en la bienvenida a las personas o grupos que provienen de otros países o zonas distantes del lugar del evento. Obvia la frase: "¿Dejé a alguien sin mencionar?"

Menciona a los patrocinadores o auspiciadores (cuando aplique). Agradece su colaboración para que el evento fuera una realidad.

Si el coordinador del evento te solicita que presentes a una persona que no formaba parte del programa, procura mencionarle primero la cantidad exacta de minutos que tiene. En una *Noche de Gala* de bienes raíces, a un representante nacional se le concedió el tiempo para saludar a la audiencia. A pesar de la insistencia del coordinador del evento de que su saludo fuera breve, este optó por ofrecer un largo discurso con estadísticas de las condiciones del mercado. Como consecuencia, provocó el retraso de las demás secciones del programa.

Sonríe casualmente. Es una forma de proyectarte con seguridad, de recibir a la audiencia con amabilidad y de invitarlos sin palabras a pasarla muy bien. Es nuestro deber hacerlos sentir cómodos y complacidos.

La responsabilidad principal del maestro de ceremonias es lograr que el programa que se ejecuta transcurra en el tiempo definido y la audiencia haya disfrutado del evento. Como decía el magnánime Salvador Dalí: *"El tiempo es de las pocas cosas importantes que nos quedan en la vida"*.

Vocaliza y articula correctamente las palabras del libreto para que no se afecte tu dicción. Estas deben ser claras y entendibles. Busca siempre la combinación perfecta al expresarte: calidad, concordancia y elegancia. Recuerda: idioma defectuoso, mensaje defectuoso.

Usa distintos matices en tu voz y velocidades. No hables ni muy rápido ni muy lento. Un extraordinario ejercicio para desarrollar variedad es la lectura en voz alta y la lectura de piezas teatrales y cuentos. Grábate.

No alargues los finales de las palabras. El énfasis en las palabras (énfasis tónico) no debe distraer, sino marcar una palabra o un verbo que deseamos destacar.

Cada sección del programa debe presentarse de manera breve y con energía. Anuncia cambios del programa de manera calmada y tranquila.

Sé entusiasta al comunicarte con la audiencia. No solo es informar o presentar una sección, sino que tienes la responsabilidad de preparar el camino a los oradores.

Mantén constante la energía para que la audiencia la copie y la sienta hasta el final del evento.

Si luego de la ceremonia habrá una cena y esta se retrasará, comienza con el programa. Mientras tanto, presenta a los directores o coordinadores del evento y a las personas de la mesa de la presidencia y los invitados de honor. Aprovecha el momento y continúa el programa.

Cuando la audiencia se exceda en sus comentarios y necesitemos el silencio para presentar a un orador, no lo solicites gritando. Podrías decir sutilmente: "Qué les parece si nos unimos en una pausa silenciosa. Nuestro orador principal de esta noche tiene un mensaje poderoso. En los próximos segundos será introducido a este maravilloso grupo".

La atención siempre es al programa, no a nuestra figura como maestro de ceremonias. Menciona: "Solicito su atención para la primera parte del programa".

Sé delicado con tus expresiones y la intensidad de tu voz. Si cada vez que presentas a un invitado o compartes alguna anécdota gritas, los oyentes comenzarán a perder el interés en ti y eventualmente en el evento.

Evita mencionar: "Les contaré una historia chistosa". Cuéntala si consideras que es apropiada para la ocasión. Sé discreto. La experta en protocolo, Carmen Thous (2009) señala que en la ceremonia de los premios Oscar® se prevé que cualquier situación pueda suceder y afecte el protocolo. Por lo tanto, se le permite al maestro de ceremonias utilizar un toque de humor cuando suceden situaciones inesperadas.

Evita el uso de las dedos para marcar comillas en el aire cuando pronuncies una cita. Este gesto carece de valor.

Lleva siempre el equipo de grabar. Aunque en muchos centros nos confirman que los eventos serán grabados, la realidad es que no lo hacen. No pierdas la maravillosa oportunidad de mejorar tu proyección mediante el estudio y la observación de tu ejecución.

Continúa con el programa a pesar de las fallas técnicas (dejó de funcionar el *PowerPoint*™ o *Keynote*™, se fue la luz, se apagó el acondicionador de aire, se dañó el micrófono). Demuestra que eres un gladiador, nada te detiene. Eres capaz de completar la conducción del evento.

Si es un evento con receso, anuncia el tiempo del mismo y hacia dónde deben dirigirse los invitados. Si el compartir incluye bebidas y es un evento privado o familiar, anuncia que el área de bebidas estará abierta por ese tiempo y al concluir el evento.

Si usas un micrófono de mano, trátalo con delicadeza. He visto conductores de eventos que asfixian y aprietan el micrófono con tanta fuerza que afecta la calidad del sonido. Recuerda, es un aliado que cuida tu voz.

Apaga el micrófono si pausó el evento. Controlarás los ruidos innecesarios y cualquier otro comentario que era íntimo y privado. Añade a este popurrí aquello que te hace sentir libre y seguro como maestro de ceremonias. Mientras más seguro te proyectes, más conectado estarás con la audiencia. Eso te dará poder.

22

Cuida tus gestos

En la película *Worlds Away* de *Cirque du Soleil* (2012) el animador del espectáculo abre la función para la joven que se inmersa en el mundo circense y lo hace a través de gestos. La guía en la búsqueda de su amado trapecista y sin palabras logra que ambos se encuentren y unan sus vidas en el trapecio.

Esto demuestra que los gestos, los signos y los movimientos de una persona son capaces de cambiar el destino de los demás. Al igual que el animador de *Worlds Away*, cada vez que funges como el conductor del evento es tu cuerpo el que atrae o aleja a la audiencia.

Cuando aprendes a observar y a reconocer que tu cuerpo habla, cuidas más tus gestos, de manera que estos sean apropiados, interesantes y cautivadores para quienes te observan y forjan una opinión de ti, en ese momento.

Si estás detrás de un atril o de un podio, lo más impactante será el movimiento de tus manos y la proyección de tu postura. Tu lenguaje manual tiene que demostrar que estás en equilibrio y que actúas de manera natural. Tu postura abierta y erguida debe ser el vehículo para que te conectes con los participantes y estos opten por seguir paso a paso el evento. Por otra parte, notarás que con una postura abierta tendrás más oxigenación y sentirás menos dolores musculares. Rendirás más y tu cuerpo será poderoso. Por eso, siempre cuida tus gestos.

Proyección en el atril o podio

1 Sonríe para conectarte con la audiencia.

2 Habla de manera pausada. Te ayudará a respirar mejor y las palabras serán más claras.

3 Muestra siempre las manos, sobre todo sus palmas. Muévelas con moderación.

4 No escondas tus brazos hacia atrás mientras hablas.

5 No levantes las puntas de los zapatos mientras hablas, distrae a la audiencia. No muestres las suelas de tus zapatos. Mantente firme, seguro.

6 No te apoyes o descanses sobre la base del micrófono ni del atril. Proyectas informalidad.

7 Cuando salgas del atril, no camines hacia atrás o hacia el frente como si estuvieras bailando. Distrae.

8 Conserva tu postura abierta durante los distintos intermedios o intervenciones musicales. Cuando nos cruzamos de brazos y piernas, podríamos proyectar distanciamiento, sin ser esta la intención. Siempre queremos conectar.

9 Cerca del atril, guarda una toalla de alcohol por si te sientes mareado o sofocado y discretamente úsalo. Te ayudará a recuperar el control de tu postura.

Recuerda que tu cuerpo envía constantemente mensajes a la audiencia y estos deben ser positivos. Observa y cuida tus gestos para que siempre te proyectes con seguridad, confianza, poder, elegancia, credibilidad y aplomo.

Sonríe para conectar. Usa la postura abierta para proyectar seguridad y que estás en control.

23

Evita el umbral de dolor

La intensidad del sonido (fuerte, débil, suave) se mide en decibeles o decibelios (db). Cuánto el oído humano puede tolerar ante la exposición de un sonido constante es clave para saber con cuánta fuerza puedes proyectar la voz mientras te desempeñas como maestro de ceremonias. Es importante que la voz sea lo suficientemente fuerte para que te oigan sin provocar la sensación de dolor.

La Organización Mundial de la Salud (OMS) considera los 70 db como el límite superior deseable; es la intensidad más alta que el oído humano puede tolerar. Sonidos generados por el camión de la basura y la bocina del auto alcanzan entre 100 y 110 db, lo que podrían ocasionar lesiones auditivas. Son parte del llamado umbral tóxico.

Sonidos generados por explosiones, ráfagas de balas y motor de un cohete espacial provocan la sensación de dolor en el oído humano. Estos se clasifican a partir de los 120 db. Esta intensidad es característica del umbral de dolor y es precisamente la que debemos evitar.

¿Cómo sabemos si gritamos? Cada vez que leas el libreto y practicas en voz alta, grábate. Comparte con tus familiares el audio para que te ayuden a identificar si la intensidad de tu voz genera la sensación de dolor. Además, puedes adquirir un sonómetro para medir la frecuencia y la intensidad de tu voz. Se requiere carácter para comunicar y sabiduría para alejarnos de este umbral.

A finales de 2009 participé de un evento cuyo propósito era juramentar oficiales de una asociación profesional. Su maestro de ceremonias tenía una voz muy particular. Por momentos era tan fuerte que molestaba a los oyentes; en otros, apenas podía entenderse. Nuestra voz debe ser rica en distintos registros para marcar contrastes cuando presentamos. Sin embargo, no debe provocar la sensación de dolor ni el que los participantes deseen bloquear sus oídos para desconectarse.

Seas un maestro de ceremonias, un animador o presentador, la misión siempre es mantener entretenidos a los oyentes mientras los invitas a enfocarse en el evento utilizando el recurso más poderoso: tu voz agradable, flexible y entonada. Cuando la primera dama de los Estados Unidos, Michelle Obama, presentó el premio a la *Mejor Película* en la octogésima quinta ceremonia de los premios Oscar® (2013) lo hizo con aplomo, regocijo y muy segura de sí misma. Su voz fue clara y con varios matices que deleitaron a la audiencia y a los televidentes.

A pesar de ser una transmisión en vivo desde la Casa Blanca, nuestros oídos recibieron sus palabras con entusiamo y alegría. De eso se trata, de no cruzar el umbral de dolor.

Evaluación de la intensidad de tu voz

Solicita a cinco personas que presten atención a la intensidad de tu voz mientras te comunicas en cualquiera de estos escenarios y que registren del 0 (no afecta) al 10 (máximo en afectar o producir dolor) cuánto esta les afecta sus oídos. Dicha retroalimentación te permitirá determinar si requieres trabajar la voz con un profesional.

Persona a evaluarte	Escala 0-10	Con amigos	En el trabajo	Asociaciones o universidad

24

Pinceladas de protocolo

El experto en protocolo, José Antonio de Urbina (2001) afirma que: "el protocolo es aquella disciplina que con el realismo, técnica y arte determina las estructuras o formas bajo las cuales se realiza una actividad importante". Lo que pretende es que ese acontecimiento transcurra de manera natural y con equilibrio. Por ende, su aplicación es fundamental en la sociedad.

De acuerdo con el ámbito y el colectivo para el cual se dirige el evento, podemos identificar los siguientes tipos de protocolo: oficial (para actos públicos y no oficiales- estos últimos cuando tenemos autoridades), diplomático, internacional, social, deportivo, empresarial, militar, académico, eclesiástico, entre otros.

Del protocolo destacaré primero los tratamientos. Reconocer los tratamientos honoríficos o títulos de los miembros de la Casa Real, autoridades del Estado, a las personas por sus cargos o relevancia en la sociedad, demuestra que como maestro de ceremonias sabes cómo dirigirte a estos en público, que dominas el *arte de hacer bien las cosas*, el famoso protocolo y que promueves el buen trato entre las personas: la etiqueta social.

Del *Manual de protocolo en la hostelería* (2004) comparto algunos vocativos. Incorpora aquellos que apliquen a tu libreto. Dirigirte a los invitados por su título, rango o cargo, te dará poder. Veamos la siguiente página.

1 *Reyes y Emperadores:* Su Majestad. Vuestra Majestad. Su Majestad Imperial (Japón).

2 *Príncipes e Infantes:* Su Alteza Real. Vuestra Alteza Real.

3 *Hijos de Emperadores:* Su Alteza Imperial. Vuestra Alteza Imperial.

4 *Marqueses, Barones, Duques y Condes:* Excelencia.

5 *Presidente de la República:* Excelentísimo Señor Presidente.

6 *Gobernador:* Honorable. Señor Gobernador.

7 *Ministro/Secretarios:* Excelencia. Señor Ministro/Secretario.

8 *Presidentes del Congreso, Senado:* Excelencia.

9 *Papa:* Santísimo Padre. Padre Santo. Su Santidad.

10 *Cardenales:* Eminencia. Vuestra eminencia. Señor Cardenal. Eminencia Reverendísima.

11 *Arzobispos:* Excelentísimos o Reverendísimos Señores.

12 *Párrocos y otras dignidades eclesiásticas:* Reverendos.

13 *Sacerdotes y monjas:* Padre y Hermana.

14 *Títulos Universitarios y Cargos de Empresa.* Señor o Señora seguido del cargo.

15 *Generales, Ministros Militares y Capitanes Generales:* Excelencia. Excelentísimo.

16 *Rectores:* Excelentísimo y Magnífico Señor. Señores Rectores.

17 *Alcaldes:* Honorable. Señor Alcalde.

Tratamiento de *honorable* en Puerto Rico

De acuerdo con la Secretaría de Asuntos Protocolarios del Departamento de Estado de Puerto Rico, se usa la distinción de *honorable* como cortesía o respeto a toda persona electa democráticamente por el pueblo o quien lo sustituye. Aunque no es requerido, se utiliza en actos oficiales o sociales.

Principios generales de protocolo

Es muy probable que en los eventos de limitado presupuesto te consulten sobre algunos asuntos de protocolo y etiqueta social tales como la presidencia, la precedencia y la ordenación de los invitados en la mesa del banquete. Aunque corresponde a la entidad que organiza los actos definir estos asuntos, comparto estas notas generales. Recuerda, para detalles sobre cómo se manejan los asuntos protocolarios de tu país, consulta al Departamento de Estado o de Relaciones Exteriores.

Datos del coordinador del evento

Como he mencionado previamente, el coordinador del evento debe facilitarte la información referente al acto: si es público o privado, si es oficial o no, el tipo de participantes que asistirá y cómo se llevará a cabo el protocolo. Su información te ayudará a que ejecutes el libreto con respeto a las reglas de cortesía esperadas.

Actores principales

Anfitrión (organiza y preside el acto, ocupa el puesto principal sea de pie o sentado, salvo si lo cede o debe cederlo), *presidencia* (conjunto de personas que ocupan el lugar más destacado del acto) y los *invitados* (relacionados al tipo y propósito del acto).

Tipos de participantes

Invitados con precedencia oficial: Por rango o jerarquía. Autoridades *(ámbito político, militar, eclesiástico)* cuando son actos públicos oficiales o cuando estas forman parte de un acto privado. *Invitados con precedencia oficiosa:* Personalidades populares como los cantantes, atletas olímpicos o ciudadanos destacados en la sociedad.

Tipos de presidencias

Las presidencias pueden clasificarse como *presidencia de pie* (actos en locales cerrados o al aire libre de corta duración como inauguración de un edificio, recibimientos oficiales cuyos anfitriones se ordenan de manera lineal) o *de mesa* (los que conforman la presidencia se colocan en una mesa que mira al resto de los participantes, actos de larga duración).

De igual manera, la presidencia (Silva, 2010) puede ser *unipersonal o simple* (una presidencia) o *bipersonal* (dos presidencias o una presidencia compartida).

Quién preside en la mesa presidencial

Un acto lo preside quien lo organiza. Esta persona o entidad se le conoce como el anfitrión y, generalmente, se sitúa en el centro de la presidencia.

Para efectos de este libro, se identificará el anfitrión con la letra "P" (preside el acto), y los números próximos a este indican dónde se ubicarán a las demás personas, de acuerdo con su importancia, rango o título (el que aplique). Mientras menor el número, mayor importancia tendrá esa persona en relación al acto.

En la siguiente imagen, tenemos una persona o entidad que preside el acto (*presidencia unipersonal o simple*) y las autoridades, quienes se ubican de mayor a menor importancia o relevancia.

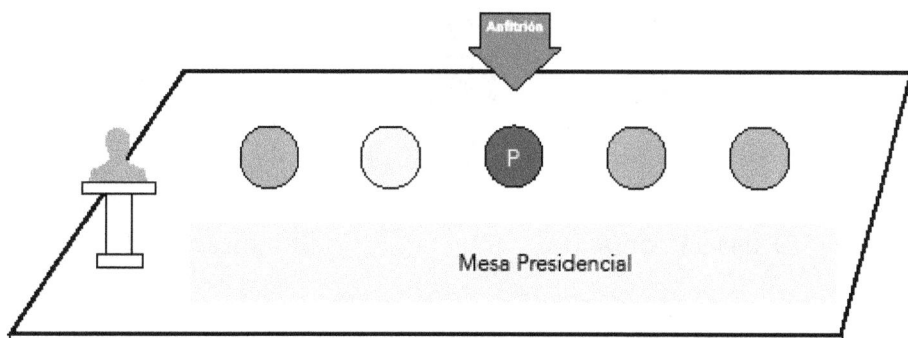

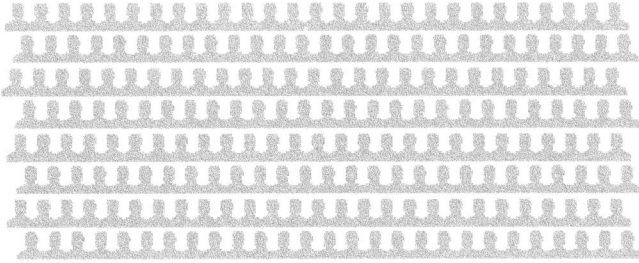

Presidencia Simple

Autoridades se ordenan de manera lineal

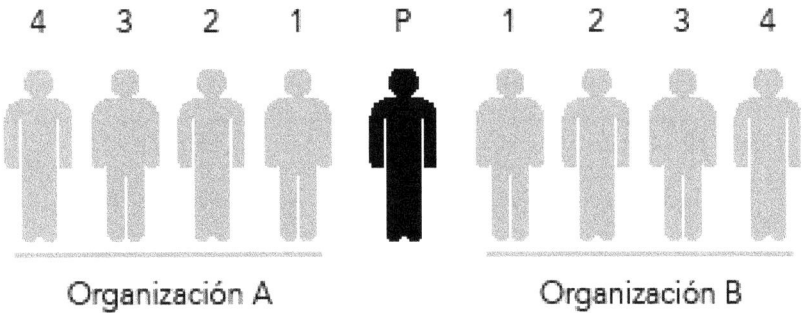

Organización A   Organización B

Sesión de fotografías

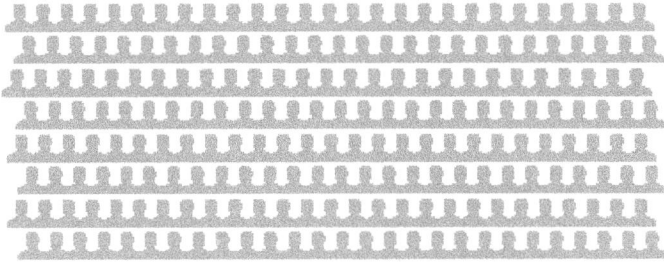

Presidencia Intercalada o Alternada

Autoridades se ordenan con alternancia

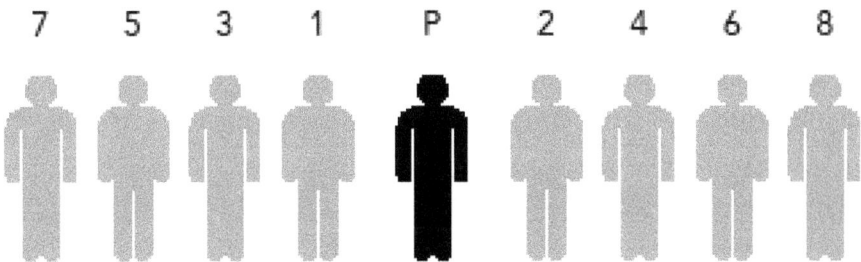

Sesión de fotografías

Bajo la *presidencia unipersonal o simple,* el que preside se coloca en el centro y a partir de este se comienza con la ordenación lineal (uno seguido del otro) o con la alternancia de derecha a izquierda de sus invitados principales. Es impar (imágenes páginas 110-111).

Por otro lado, nos referimos a la *presidencia bipersonal* cuando tenemos los siguientes escenarios:

1) el que preside está acompañado de su consorte.

2) el que preside tiene un invitado de honor.

3) el que preside comparte la presidencia con una autoridad de mayor rango.

Por lo tanto, el anfitrión con su consorte, el invitado de honor o la autoridad de mayor rango (de acuerdo con el escenario que aplique) se ubicarán en los puestos centrales. Será una presidencia par. Ejemplos: la ceremonia de entrega de premios es presidida por una fundación cuyos presidentes son pareja, un banquete matrimonial, entre otros.

5   3   1   P   P   2   4   6

Mesa Presidencial
Centro

Orden de precedencia de las autoridades en los actos

El sistema de ordenación o de ubicación, que aplica a las autoridades en actos públicos oficiales, lo define cada país, según sus normas y decretos. Sin embargo, también podrían utilizarse otros criterios como la antigüedad, las costumbres y tradiciones.

Para actos privados, las autoridades que asistan serán ordenadas de acuerdo con las normas de su país mientras que el resto de los directivos o invitados, según lo establezca el anfitrión. No es una regla rigurosa.

Los formularios compartidos, en las páginas 18 y 19, son listas para registrar los nombres de las autoridades (invitados oficiales) y sus rangos al igual que los invitados o personalidades (invitados que se destacan en la sociedad). El registro y el desglose en las listas de los invitados, te permitirá controlar escenarios imprevistos cuando no tenemos la información completa.

Como maestro de ceremonias es importante conocer en qué lugar se ubicarán las autoridades y los invitados de honor mientras realizas el saludo protocolar. Tu mirada debe dirigirse al lugar y a la persona correcta cuando reconoces la presencia de uno de estos. Es símbolo de cortesía y respeto. ¡Son estas pequeñas cosas las que te acercan al camino grandioso de la evolución poderosa!

Orden de Precedencia del Gabinete del Gobernador de Puerto Rico

1   Secretario/a
     Departamento de Estado

2   Secretario/a
     Departamento de Justicia

3   Secretario/a
     Departamento de Hacienda

4   Secretario/a
     Departamento de Educación

5   Secretario/a
     Departamento de Trabajo y Recursos Humanos

6   Secretario/a
     Departamento de Transportación y Obras Públicas

7   Secretario/a
     Departamento de Desarrollo Económico y Comercio

8   Secretario/a
     Departamento de Salud

9   Secretario/a
     Departamento de Agricultura

Orden de Precedencia del Gabinete del Gobernador de Puerto Rico

10 Secretario/a
   Departamento de la Familia

11 Secretario/a
   Departamento de la Vivienda

12 Secretario/a
   Departamento de Recursos Naturales y Ambientales

13 Secretario/a
   Departamento de Asuntos al Consumidor

14 Secretario/a
   Departamento de Recreación y Deportes

15 Secretario/a
   Departamento de la Gobernación

16 Secretario/a
   Departamento de Corrección y Rehabilitación

17 Secretario/a
   Departamento de Asuntos Públicos

Fuente: Secretaría Auxiliar de Asuntos Protocolares (2010)

Presidencia de mesa y el principio de la derecha

La presidencia, en actos públicos oficiales o en actos privados, ocupa un lugar sobresaliente en el salón. La ubicación de su mesa se diferencia del resto de las mesas de los invitados puesto que en esta se ubica, generalmente, al anfitrión y sus invitados principales.

En dicha mesa, a la derecha del anfitrión o de quien presida el acto, se situará el invitado de mayor rango. Si por cortesía el anfitrión cede el honor a la persona con mayor rango que asiste al acto, se situará a la izquierda o en el lugar inmediato a la misma.

En la mesa presidencial, el orden de precedencia (lugar y asiento en la mesa) se fijará desde el lugar donde se ubican los anfitriones, no desde el público o colectivo que lo visualizará como su izquierda.

Mesa Presidencial

Derecha
del Público

Sistema de colocación de las presidencias y arreglos en los banquetes

La selección de los tipos de mesas para banquetes depende principalmente de la naturaleza del acto, la forma del salón, la cantidad de comensales y de la ubicación de las puertas para la presidencia. Las mesas más utilizadas para definir la presidencia son: por su forma, la rectangular bajo el modelo clásico (una mesa presidencial rectangular y el resto son redondas o cuadradas); o la mesa redonda, del modelo moderno (tanto la mesa presidencial como el resto de las mesas son redondas).

La mesa presidencial se colocará, usualmente, frente a la puerta principal de la instalación. Como principio general, esta mesa no debe dar la espalda a los invitados y el que preside el acto, debe mirar a la puerta de entrada o principal, por razones de seguridad. El puesto de honor se ubicará a la derecha de la presidencia.

¿Cómo ubicaremos las presidencias en banquetes con una sola mesa en el salón?

Las presidencias se ubicarán mediante uno de los dos sistemas principales: *el sistema inglés o anglosajón*, o el *sistema francés* (Piñero, 2013). En las imágenes siguientes, se muestra cada sistema y se acompaña con una breve explicación. Utiliza el sistema que mejor aplique al tipo del acto y el espacio que se ha designado para esta mesa.

Sistema Anglosajón

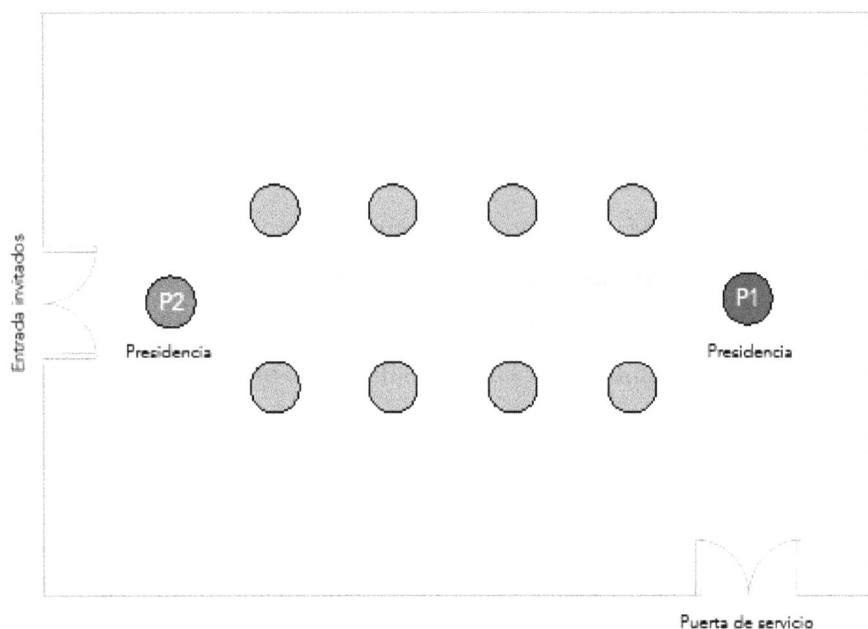

Entrada invitados

P2
Presidencia

P1
Presidencia

Puerta de servicio

Sistema Inglés o Anglosajón: Las presidencias se ubican en los extremos de la mesa. La conversación tiende a ser más uniforme en las puntas y en las cercanías de los invitados principales.

Resalta menos las categorías de los invitados; sin embargo, minimiza la conversación entre el anfitrión y su invitado principal al sentarse este en el otro extremo de la mesa.

Sistema Francés

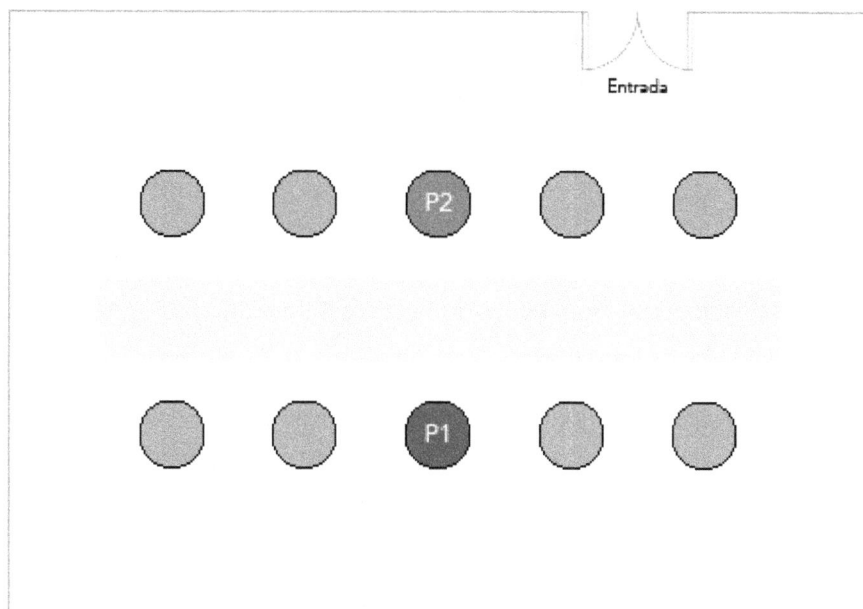

Sistema Francés: Las presidencias se ubican en el centro de la mesa rectangular. Es el más utilizado, especialmente en actos oficiales. Como la conversación más importante se concentra en el centro, el resto de los invitados tiene un rol menos activo. Marca las categorías entre los invitados.

Luego de definir el sistema o modelo de presidencia, corresponde ordenar el resto de los invitados.

Sistema de colocación de los invitados en los banquetes

La ordenación de los invitados en la mesa puede darse en virtud de su rango y jerarquía (*precedencia oficial*) o por uso o costumbre (*precedencia social*). De igual forma, por cualquier otro criterio determinado por el anfitrión.

Para esto, debe considerarse el tipo y forma de la mesa seleccionada por el anfitrión (rectangular, imperial, ovalada, redonda, herradura, en forma de T, en forma de E o peine). Asimismo, es crucial identificar la posición del extremo o cabecera de la mesa puesto que a partir de ese punto, se designará el asiento al resto de los invitados.

Cuando se selecciona una mesa redonda, rectangular u ovalada con doble presidencia o compartida, bajo el *sistema inglés* o el *sistema francés*, es recomendable utilizar uno de los sistemas principales de colocación para los invitados o comensales: el *sistema cartesiano* o el *sistema de reloj* (Silva, 2010).

En eventos empresariales, se colocan los invitados de acuerdo con la jerarquía. En recepciones oficiales, se colocan los comensales por el orden de precedencia y alternando, por lo regular, a las damas y caballeros. Para efectos ilustrativos de esta sección, se usará la mesa redonda única. Los extremos que muestran la "P" son las presidencias. Si la presidencia P2 cede su puesto al invitado de honor, esta se colocará a la izquierda. Veamos.

Sistema Cartesiano: Forma una 'X' a partir de la derecha de la presidencia uno, pasando a la derecha de la presidencia dos y así sucesivamente.

El invitado de mayor rango se ubica a la derecha de la presidencia 1, y el segundo invitado de mayor honor, a la derecha de la presidencia 2. El tercer invitado de importancia a la izquierda de la presidencia 1 y el cuarto invitado, a la izquierda de la presidencia 2.

Primero todas las derechas de cada presidencia y después las izquierdas hasta completar la alternancia derecha-izquierda de todos los invitados.

Mesa Redonda - Sistema Cartesiano
10 Comensales

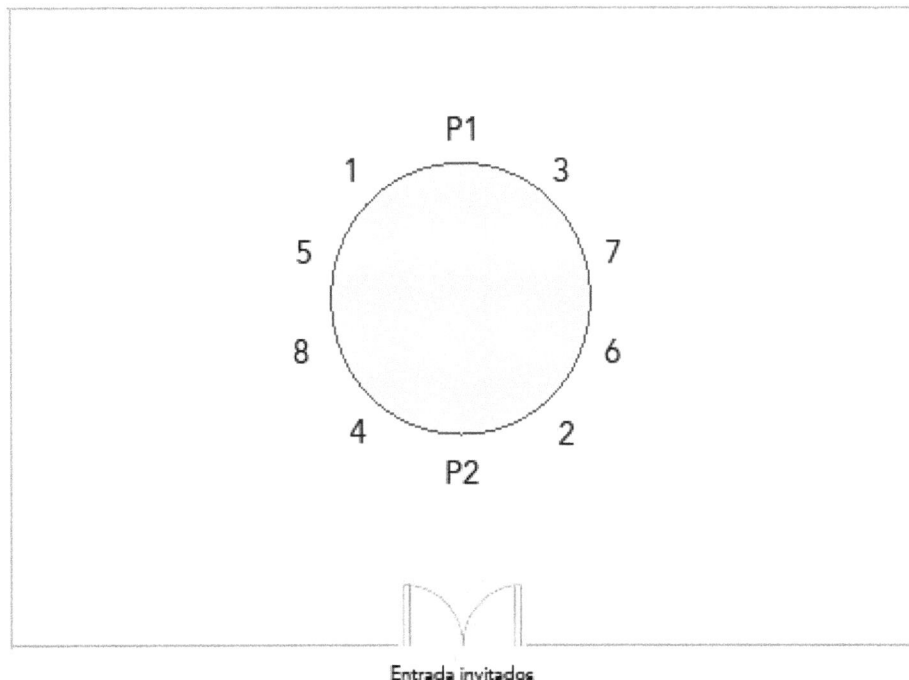

Entrada invitados

Sistema de Reloj: El anfitrión acapara a los invitados más importantes. Se ubica primero la derecha y la izquierda de la primera presidencia y luego de la segunda presidencia.

El invitado de mayor honor se coloca a la derecha de la presidencia 1, el segundo se sienta a su izquierda, y no a la derecha de la presidencia 2.

El resto de los invitados se ubica de acuerdo con el movimiento de las agujas del reloj. Se utiliza para comidas con caballeros o damas solos, no en pareja y cuando la primera presidencia es más importante que la segunda presidencia.

Mesa Redonda - Sistema Reloj
10 Comensales

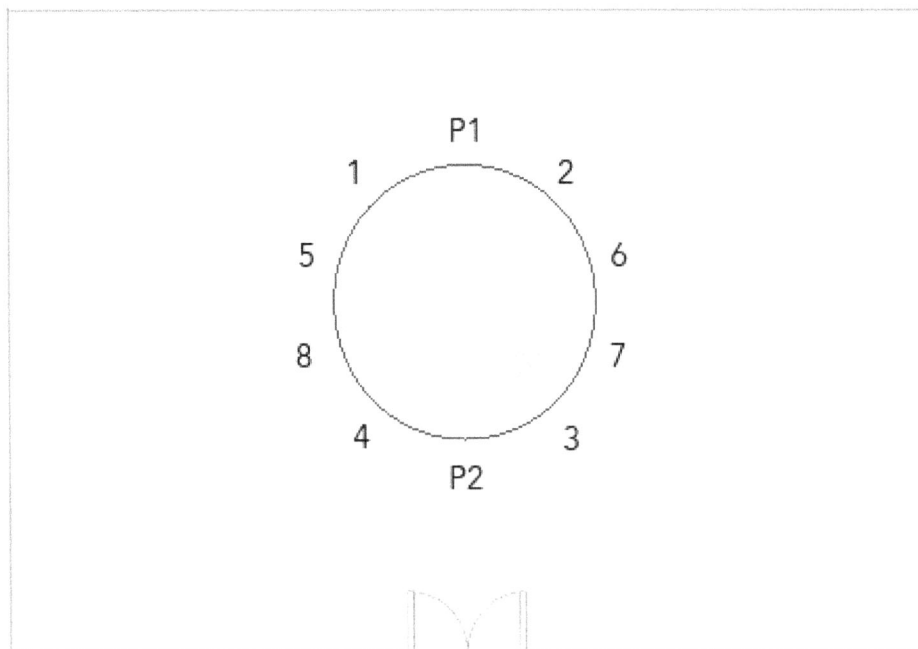

Entrada invitados

Notas importantes para recordar en los banquetes

1 La derecha de los anfitriones es el puesto de honor en la mesa. El invitado de honor se situará a la derecha de la anfitriona y el de su esposa a la derecha del anfitrión.

2 Un invitado de rango mayor al invitado de honor precede a este.

3 Las personas del extranjero preceden a los invitados nacionales cuando tienen igual rango.

4 Deben alternarse las damas y los caballeros, siempre que sea posible (siempre que no sea un acto solo para caballeros). No dejaremos dos mujeres juntas.

5 Para que los invitados puedan conversar, evite sentar juntos a personas que hablan distintos idiomas.

6 En mesas redondas, el número máximo de comensales no debe sobrepasar los 12 o 14 puestos.

7 Se busca el descanso matrimonial. La mujer no se sienta próxima a su pareja.

8 El acto culmina cuando el anfitrión o quien preside se levanta de la mesa.

Cuando se desarrollan los actos de acuerdo con el protocolo y la etiqueta que se deben observar mientras funges como maestro de ceremonias, te conviertes en un puente efectivo entre los participantes, los invitados y los anfitriones. Te proyectas con poder y seguridad.

Algunos tipos de montajes para banquetes

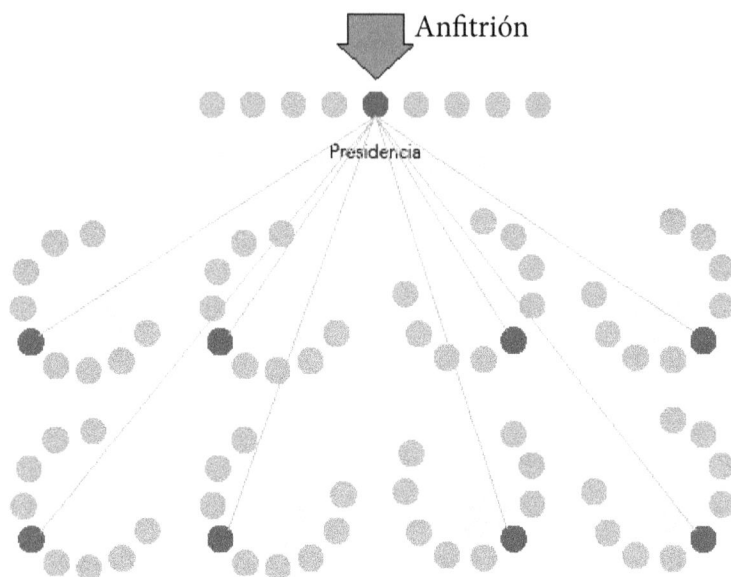

Anfitrión

Presidencia

Mesas redondas con presidencia clásica

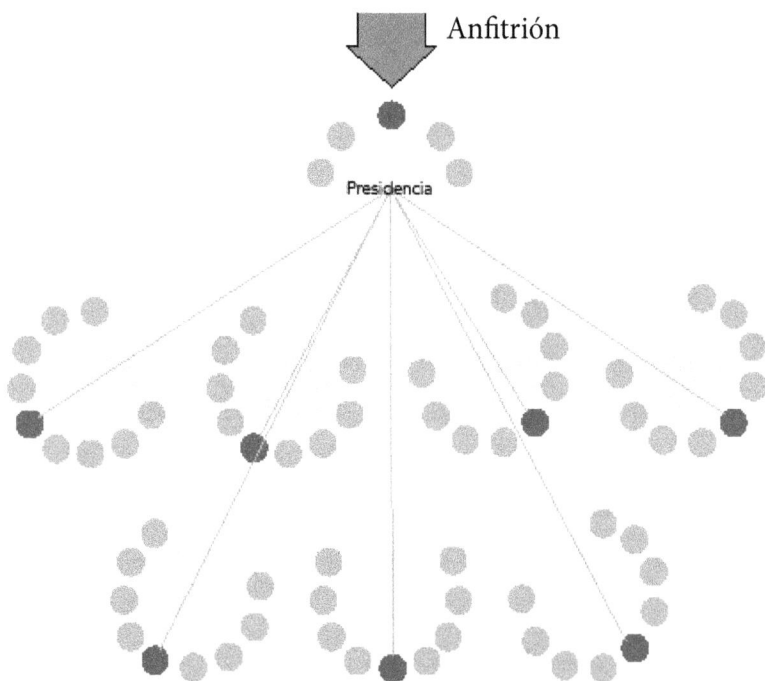

Anfitrión

Presidencia

Mesas redondas con presidencia redonda

Recuerda, el coordinador del evento y el anfitrión deben compartir contigo las reglas del ceremonial y del protocolo para los actos oficiales en los que intervengas. Asimismo, aquellas que apliquen para los actos privados.

Cuando existan dudas sobre las normas y las formas de cómo conducir el evento y las personas responsables no puedan responderlas, aplica el sentido común. Por ejemplo, todos los presidentes de los capítulos de una asociación se encuentran juntos en un acto no oficial o privado, ¿a quién saludarías primero? Podrías llamarlos y saludarlos por apellido en estricto orden alfabético, por antigüedad, por región geográfica o de acuerdo con otras ceremonias similares. Lo importante es que prevalezca siempre la cortesía y el respeto.

Te invito a que conozcas más del exquisito mundo del protocolo y de las ceremonias para que puedas aplicar sus normas y reglas al escenario donde te desenvuelves. Estas notas han sido meras pinceladas para guiarte.

Como decía el diplomático francés, Charles Maurice de Talleyrand: *"Solo los tontos se burlan del protocolo. Este simplifica la vida."*

25

Con sabor y respeto se presentan los participantes

Para presentar a un orador

Antes de presentar al orador, asegúrate de tener la información relevante y actualizada de su persona y el tema a compartir con la audiencia. Verifica que el micrófono esté listo para su intervención. Lleva una jarra o botellas de agua para este *(cuando aplique)*.

Introduce a los oradores de manera clara, interesante y vibrante. Eres responsable de que la audiencia desee escuchar al expositor. Motiva con tus palabras a que la audiencia aplauda.

Por lo general, se presenta primero el título del tema del expositor, luego se resalta la relevancia de su tema para los participantes y al final, los títulos/nombre del orador. La introducción debe relacionarse al evento y con un toque personal.

Saluda al expositor con la mano derecha, antes y después de su intervención. Cuando termine el orador, presenta la próxima sección. No dejes la tarima sola cuando concluya su participación.

Si son varios oradores en el mismo evento, presenta a cada uno según la sección que le corresponda. Sin embargo, si dos oradores colaborarán en el mismo tema y en la misma sesión sin receso, procura leer ambas reseñas antes de que se inicie la exposición del tema.

No tapes o bloquees al expositor, luego de presentarlo. En una ceremonia que participé recientemente, el maestro de ceremonias presentó al orador y permaneció tan cerca de este en la tarima que distrajo a la audiencia con su presencia. Procura siempre que el escenario sea el espacio para que brille el orador con su exposición.

Agradece a cada orador su intervención. Antes de presentar al próximo orador (*si no son actos oficiales*), destaca brevemente un punto positivo de su presentación. Por ejemplo: "Hoy aprendí que por cada niño que salvamos a través de cuidar el medio ambiente, ayudo a erradicar la pobreza en el mundo. Muchas gracias por darme la oportunidad de reflexionar sobre este tema".

Al destacar brevemente un punto de la exposición anterior, creas un puente para el próximo orador y le das tiempo para relajarse. En ceremonias oficiales, estos comentarios se omiten.

No comentes con sarcasmo la presentación de un expositor. De igual modo, evita el uso de la frase: "Para no aburrirlos más, solicito que pase al escenario a...".

No muestres preferencia por un expositor. Trata a todos por igual y controla su tiempo para que no reste el tiempo de otra sección o de otro invitado. En muchas ocasiones, no contamos con una persona dedicada solo a tomar el tienpo. Como maestro de ceremonias es importante cumplir con el tiempo del programa. Lleva un reloj, celular o algún equipo que te permita ver el tiempo. También puedes contar con un asistente para esta tarea.

Para presentar a un invitado o anfitrión

Si la persona que llamas es un expresidente de una asociación y en ese evento se juramentará a la nueva junta, no le preguntes: *"¿tiene algo que comentar?"*. Es dado que tendrá que presentar un mensaje de despedida y de agradecimiento ante los miembros de dicha organización.

Asimismo, no se interrumpe la ceremonia por un invitado que haya llegado tarde. Continúa con la ceremonia.

Para presentar a un artista

Introduce brevemente al artista (obvia mencionar: *"no tengo que presentarlo, ustedes lo conocen"*), resalta algún reconocimiento (*si aplica*), menciona si será acompañado por una orquesta, qué interpretará y al final, revela su nombre. Recíbelo con una extraordinaria sonrisa.

"Esta noche nos acompañará el artista más destacado de la música romántica en Puerto Rico. Este artista recientemente recibió el premio *Mejor Cantante del Año*, otorgado por la Asociación de Críticos de la Canción Puertorriqueña. Tendremos el honor de disfrutar de su éxito musical, *Vivo por ti*. Invitamos al escenario al versátil Sergio Vale". Presenta con sabor, energía y poder.

26

Y el ganador es...

Entregar un premio, medalla o reconocimiento también tiene su estilo. Si el galardonado y su acompañante formarán parte de la mesa presidencial, asegúrate de llamarlos correctamente. Es embarazoso presentar al acompañante como no es (es su esposa, no su madre).

Los premios, en una misma categoría, van del último al primer lugar. Si es necesario que todos los ganadores se encuentren en la tarima al llamarlos, designa un área para que no bloqueen las pantallas o a tu persona.

Se anuncia primero el premio antes del nombre del ganador. Por ejemplo: "Recibamos al recipiente del galardón *Empresario del Año*, el Presidente de Power Holdings, el señor Rubén Huertas". Si uno de los recipientes no se encuentra, menciona este detalle.

Entrega el premio con la mano izquierda para que puedas saludarlo con la mano derecha. Si otra persona entregará los premios, confirma con el coordinador de eventos que este no anunciará su propio premio. Durante la ceremonia de los premios Oscar® de 1942 el músico Irving Berlin cuando abrió el sobre del premio a la *Mejor Canción* descubrió que era para él. Desde ese incidente, la Academia de Artes y Cinematografía se ha asegurado de que no se repita.

Vigila, además, el tiempo de los discursos de aceptación de premios. Esto es clave para evitar que ocurran retrasos en el programa. En la ceremonia de entrega de los premios Oscar® si el galardonado se pasa de su tiempo, automáticamente desaparece el micrófono del escenario y la banda comienza a tocar. Manejar y vigilar el tiempo es una tarea de envergadura.

Si pasa algo inesperado, dale un toque jocoso o de valor, dependiendo del escenario. Mientras David Niven fungía como animador y presentador en la entrega de los premios Oscar® en 1973 y se preparaba a presentar a Elizabeth Taylor, un exhibicionista cruzó desnudo frente a las cámaras. Niven con aplomo y picardía dijo: "Damas y caballeros, esto tenía que suceder. Esta será la única vez que podrá mostrar sus pequeñeces". Otro momento incómodo ocurrió durante la animación del espectáculo de la entrega de los premios VMA de MTV® de 2009, el cantante Kanye West interrumpió a Taylor Swift en su discurso de agradecimiento por su premio al *Mejor Video del Año*. Si te pasara algo parecido, respira, mantén la calma y continúa con el desarrollo del evento.

"Gracias a mi hija que me enseña cómo aceptar el júbilo y dejar que se vaya el miedo."—Amy Lou Adams en su discurso de agradecimiento por el premio a la Mejor Actriz, Golden Globe® 2014

Qué cuentan los premios de algunas de las ceremonias de entrega de premios más importantes del mundo

Emmy®

El nombre Emmy se origina en la palabra Immy que se utilizaba para identificar el tubo de registro de imágenes de las cámaras. Ese diminutivo de imágenes, Immy, se transformó en el nombre Emmy. La estatuilla es el modelo en escala de la esposa del ingeniero Louis McManus, responsable del diseño de la misma.

Golden Globe®

Un grupo de escritores formaron en 1943 la Asociación de la Prensa Extranjera de Hollywood y con esto, nació el premio para reconocer la excelencia en cine y televisión. En el 2009 la estatuilla fue mejorada para aumentar su contenido en oro.

Nobel®

Se dice que el filántropo sueco Alfred Nobel prohibió en su testamento que se otorgara un premio a las matemáticas como venganza por un pecadillo de su esposa. La realidad es que Nobel nunca se casó y las matemáticas no eran de su interés, por lo que no dispuso este premio. Nominados al Premio Nobel de la Paz que llaman la atención: el terrible Adolf Hitler (1939) y la gran joven activista paquistaní Malala Yousafzai (2013).

Príncipe de Asturias

Hasta el 2013, este galardón consistía de un diploma, una escultura de Joan Miró, una insignia con el escudo de la Fundación Príncipe de Asturias y una dotación de 50,000 euros (este premio podría evolucionar por la proclamación del Príncipe de Asturias como rey Felipe VI en el 2014).

Pulitzer®

Comenzaron a entregarse luego del fallecimiento del famoso editor y periodista húngaro–estadounidense, Joseph Pulitzer. Por su controversial imagen pública, la Universidad de Columbia en 1892 rechazó inicialmente que este financiara la primera escuela de periodismo y se instituyera el premio anual por la destacada labor periodística.

Oscar®

En sus primeros años, se celebraba solo un banquete para entregar la estatuilla a los ganadores, quienes sabían de antemano de su reconocimiento. El banquete cambió a una ceremonia en teatros cuando dejaron de publicar los ganadores y la asistencia a la misma se catapultó. Al momento de la publicación de este libro, la persona que más ha fungido como animador y presentador es el actor Bob Hope con un récord de diecisiete intervenciones.

Sin contacto visual, no hables

En aquellos momentos en los cuales te corresponda entregar un premio, siempre mira a la audiencia. Si presentas una transparencia de un premio o de un galardonado, no comiences a hablar hasta que mires y te conectes con la audiencia. Lo que buscamos es mantener viva la relación con ese grupo especial que participa del espectáculo o de la ceremonia solemne.

Por otro lado, si lees una proclama para un homenajeado en nombre de un representante del gobierno (no pudo asistir o perdió su voz), procura leer solo la moción. Aprovecha las pausas de la lectura para mirar a la audiencia y, sobre todo, al homenajeado.

27

Aprende de las acciones que no son memorables

Recientemente estuve en una gala de una organización mundial de increíbles empresarios en la cual se reconocieron distinguidos colegas por su activa participación en la comunidad, previo a la ceremonia de juramentación de la nueva directiva. Esa noche ocurrieron varias acciones a las cuales llamé: *"acciones que no son memorables"*.

1 El maestro de ceremonias gritó en un momento que cerraran la barra para que lo atendieran.

2 Su vestimenta era tan ceñida al cuerpo que por unos instantes pensé que se romperían los botones de la chaqueta y estos golpearían a la audiencia.

3 Insistió en nombrar al atril como el podio. Un atril es un soporte inclinado que apoya los papeles y libros mientras que el podio es la plataforma, escenario o tarima sobre la que se coloca una persona para comunicarse con la audiencia.

4 En el escenario se movió hacia delante y atrás como si estuviera bailando. Percibí por el tono de su voz y ese movimiento recurrente que estaba nervioso.

5 Se tapó la cara con el libreto mientras presentaba a los galardonados. Esto afectó la claridad y la intensidad de su voz.

6 Se encorvó para usar el micrófono en múltiples ocasiones. Para evitar esto, ajusta el micrófono hasta sentirte cómodo con su altura. Mantente erguido. Estimularás la circulación de la sangre y su oxígeno al igual que te proyectarás con poder.

7 No explicó el símbolo del premio a entregar a los colegas reconocidos. Hubiera sido interesante para la audiencia conocer la historia, el simbolismo y el artista que lo diseñó porque era la primera vez que se entregaba tan importante galardón. Simplemente entregó el premio, el cual pasó desapercibido.

8 Varias plantas fueron ubicadas para decorar el escenario. Sin embargo, estas ocuparon tanto espacio que cuando los galardonados entraban o salían las movían o empujaban con sus manos para que las hojas no ocultaran sus rostros. Asegúrate de que la decoración se fusiona en el escenario y que no toma protagonismo negativo en el evento.

9 Se presentaron videos; sin embargo, estos fueron bloqueados por la figura del maestro de ceremonias. Es importante ensayar nuestra ubicación con las pantallas y equipos que forman parte del escenario.

10 Esa noche se mencionó que la gala se dedicaba a un empresario en particular. Para nuestra sorpresa ese empresario no tuvo la oportunidad de expresar su agradecimiento por dicho reconocimiento. El maestro de ceremonias solo le entregó su premio. Perdió brillo ese momento.

11 Los premios fueron entregados con las luces del salón apagadas. Se nos escapó la maravillosa reacción y emoción de los galardonados al recoger sus premios.

12 El procedimiento para entregar los premios no fue estándar. Varios homenajeados presentaron un video donde se presentaba el discurso de agradecimiento con el mismo formato y duración. Nos sorprendió que a uno de los galardonados se le permitiera hablar y mostrar su historia a la vez. Lamentablemente, su video fue muy extenso. Para manejar el tiempo, todos los homenajeados debieron tener la misma exposición: el video o hablar en directo, no ambas cosas.

13 Al concluir la ceremonia de la entrega de premios, el maestro de ceremonias mencionó que uno de los galardonados *"le dejó, por lo menos, algo para decir"*. Comentario inoportuno.

Observa, escucha y anota cómo transcurren las ceremonias. Cuando observamos estas acciones, aprendemos con intención. No son fracasos de nuestros colegas, solo son lecciones para hacer las cosas de una mejor manera. Aprende y crece de estas acciones para que tu desempeño sea inolvidable.

28

Piensa con la dureza mental de un trovador

Se fue la luz, el orador principal y el laureado llamaron para informar que llegarán tarde. Se hizo realidad aquello que tratamos, con ahínco, de controlar. ¿Cómo llenas estos espacios? Solo tienes que pensar con la dureza mental de un trovador. Fuera el miedo, el pánico. La misión es cumplir con el programa. Actúa. Opciones:

Celebra con la audiencia (*actos privados o familiares*). En ese momento pregunta, si alguna pareja está celebrando su aniversario de bodas, cumpleaños, o si tienen la dicha de haberse convertido recientemente en padres.

Comparte datos curiosos sobre las ceremonias (*podrían usarse si el tipo de ceremonia lo permite-consulta primero con el coordinador del evento*)

Graduaciones: La música que enmarca la entrada de los estudiantes durante la ceremonia de graduación tiene su origen en la magistral pieza operística *Aida* en su Acto II. *La Marcha Triunfal* se popularizó mundialmente, de manera que se acostumbra tocarla en la entrada triunfal de los graduandos. La música de *Aida* fue compuesta por Giuseppe Verdi. Fue estrenada en el Teatro de Ópera del Jedive en El Cairo en 1871.

Bodas: La tradición de tener dos marchas durante la ceremonia nupcial se remonta a las ceremonia de bodas de la princesa Victoria de Inglaterra con el príncipe Federico Guillermo de Prusia en 1858. En dicha ceremonia, se interpretaron dos marchas: la *Marcha Nupcial* de Mendelssohn para su entrada a la iglesia y la ópera *Lohengrin* de Wagner para la salida de la iglesia ya casados. Dos interpretaciones inolvidables.

En la ceremonia de bodas se coloca el novio a la derecha y la novia, a la izquierda. En el pasado, muchas veces el novio raptaba a la novia por no tener consentimiento de sus padres. Mientras se celebraba la boda y para defenderse de un ataque imprevisto de los padres de su amada, colocaban a la novia a la izquierda para que este pudiera sacar velozmente el arma de su costado derecho. De esta manera, tenía mayores probabilidades de salvarse y correr con su amada.

El nombre de *Luna de Miel* se deriva de la práctica de los teutones, habitantes europeos, que en la Edad Media celebraban las bodas bajo la luna llena. Posterior a la celebración, las parejas tomaban durante treinta días licor de miel.

Olimpíadas: En la ceremonia de las olimpíadas de 1976 en Montreal, la pareja de jóvenes que encendió la antorcha contrajo matrimonio años más tarde. En ese momento los organizadores de las ceremonias solo buscaban que se representara equitativamente a los hombres y a las mujeres de Quebec y del resto de Canadá. Sin embargo, fue un momento propicio para que naciera el amor.

Instalación de presidentes: El primer discurso presidencial en los Estados Unidos presentado por George Washington fue de 1,419 palabras.

Sin embargo, para su segundo mandato pronunció solo 135 palabras. Washington posee el récord del discurso presidencial más corto de la historia.

Por otra parte, la primera mujer en convertirse en maestra de ceremonias para una toma de posesión presidencial en los Estados Unidos fue la senadora demócrata de California, Dianne Feinstein. Esto ocurrió en la quincuagésima sexta ceremonia de instalación para el presidente Barack Obama (2009). Hasta el 2013 ha sido la única mujer en desempeñarse en dicho rol.

Sorpresas tecnológicas: El robot Teiro ha sido reconocido como el primer conductor de una ceremonia de bodas en Corea del Sur (2007) mientras que i-Fairy, lo hizo en Japón (2010). Considero que aunque la tecnología enriquece al rol moderno del conductor de eventos, la emoción cálida de un maestro de ceremonias está por encima de cualquier robot del mundo.

Las historias, que he compartido, son una simple guía para orientarte en esos momentos inesperados, que requieren que pienses y actúes con la dureza mental de un trovador. Aprovecha el tiempo. ¡Investiga y prepara las tuyas!

29

Más opciones para tu plan de improvisación

Si el artista invitado confundió la ruta para llegar al lugar del evento y te contacta para que lo guíes, a pesar de haber comenzado el programa de la ceremonia, ¿qué opciones tienes para continuar las actividades programadas?

Adapta el programa. Cambia el orden del programa y sustituye el elemento que falta. Es muy apropiado proponer al coordinador del evento que adelante el almuerzo o la cena en lo que llega el artista invitado. Para subsanar la falta del elemento musical y reconociendo que podría suceder en los eventos de bajo presupuesto, carga en un dispositivo de audio (ejemplo: iPod®) una selección de canciones por género que sean apropiadas para cada celebración. De este modo, contribuirás a transformar una cena sin melodía en una velada encantadora con este toque musical. ¡Salvaste al coordinador del evento!

Deleita a la audiencia. Narra sucesos que transformaron a la humanidad o comparte datos de personajes famosos (*si lo permite el tipo de ceremonia*). Por ejemplo: *Cumplir los sueños y las metas.* La periodista, escritora y nadadora de larga distancia, Diana Nyad, logró a sus 64 años convertirse en la primera persona en nadar desde la Marina de Hemingway en Cuba hasta la Florida sin una jaula protectora. Era su quinto intento. Su hazaña en el 2013 nos recuerda que con tenacidad y valor, sí se alcanzan los sueños.

Deportes. Previo a mayo de 1954 era imposible pensar que un atleta podía correr una milla en menos de cuatro minutos. Esta barrera física y sicológica perduró hasta que Roger Bannister de Inglaterra la derribó. Su actitud ayudó a miles de atletas en el mundo a superar sus limitaciones. ¡Todo es posible!

Espectáculos. Larry King Live tiene el récord del programa televisivo de mayor duración en el aire con el mismo anfitrión, en la misma cadena y a la misma hora. Desde 1985 hasta 2010, Larry King realizó cincuenta mil entrevistas en la cadena de televisión CNN. Nos dejó como legado una magistral lección de persistencia y excelencia para emular.

Sábado Gigante® es el programa de variedades más antiguo de la televisión mundial. En el 2012 fue reconocido por Guinness® por sus cincuenta años de transmisión continua. Don Francisco, un extraordinario animador.

Famosos. Mientras Beyoncé cantaba en Montreal el 22 de julio de 2013, su cabello se enredó en un abanico. A pesar de esto, continuó cantando y entreteniendo a la audiencia. ¡Eso es compromiso y profesionalismo!

Moda. Es curioso que los tacones han sido usados tanto por los hombres como las mujeres. Dibujos en Egipto lo confirman. Era un símbolo de estatus hasta los siglos XVII y XVIII cuando cambia el enfoque al intelectualismo.

Perdón. En uno de los programas de Sábado Gigante®
de 2014, Don Francisco compartió la historia del señor
Leodoro León quien se opuso a reconocer legalmente a
su hija Aleidy Rodríguez. Empero, fue Aleidy quien salvó
a su padre en el 2009 cuando tomó la decisión de donarle
un riñón. Este maravilloso acto de amor y perdón los
unió para siempre.

Suerte. El maratonista Joe Berti, quien corría por la
organización caritativa Champions4Children, cruzó
la meta treinta segundos antes de que estallaran las
bombas en Boston el 15 de abril de 2013. Resultó ileso
al igual que su esposa quien tomaba fotos cerca de la
meta; sin embargo, tres personas murieron y parte de
los 180 heridos perdieron sus piernas. Dos días después,
al regresar a su hogar en Texas por asuntos de trabajo,
Joe presenció el estallido de la planta de fertilizantes
de Waco en la cual murieron 35 personas y otras 160
resultaron heridas. Este ha expresado en los medios de
comunicación cuán bendecido se siente de estar vivo.

Te invito a que prepares una lista de historias o datos por
tema, que usarías para compartirlas con la audiencia,
cuando sea necesario improvisar y el tipo de ceremonia
lo permita. Como decía Zig Ziglar, asegúrate de que
los datos que uses pasen por la prueba de la veracidad
(cierto y documentado), la legalidad (conforme a la ley)
y la moralidad (acciones adecuadas).

30

Cierra con energía y evalúa tu desempeño

Cierre del evento

"En nombre de los directivos de la Fundación Victoria del Arte, agradecemos a todos los participantes por su valiosa contribución. A esta maravillosa audiencia, muchas gracias por habernos acompañado. Sus donaciones lograron que siete estudiantes de limitados recursos económicos ingresaran a la Escuela de Artes en Puerto Rico. Regresemos a nuestros hogares llenos de esperanza y con deseos de continuar ayudando a esta fundación social. Muy buenas tardes". Este cierre será recordado por la audiencia.

Verifica con el coordinador de evento cuán efectivo fue tu desempeño como maestro de ceremonias. Menciona, además, qué cosas observó de tu proyección, comunicación o gestos que necesitan ajustes para ser más poderoso. Es una fantástica oportunidad para crecer.

Guía para conversar con el coordinador del evento

1. ¿Cumplí con el propósito de la contratación?
2. ¿Cuáles fueron mis tres mejores momentos?
3. ¿Cuáles fueron mis tres momentos sin brillo?
4. ¿Qué puedo mejorar?
5. ¿Me recomendaría para otro evento?

En las próximas páginas, comparto dos modelos de evaluación: uno, para el coordinador y otro, para ti.

Evaluación sugerida para el coordinador del evento

De acuerdo con mi ejecución, asigne un número al criterio que aplique (1 - menor, 10 - mayor). Aprecio sus valiosas observaciones.

1   Proyección física   _____
2   Proyección de la voz   _____
3   Comencé con energía y entusiasmo   _____
4   Conecté visualmente con la audiencia   _____
5   Conecté de inmediato con la audiencia   _____
6   Uso de historias y citas fue adecuado   _____
7   Improvisé cuando fue necesario   _____
8   Manejé el tiempo definido por sección   _____
9   Presenté con entusiasmo a los oradores,
     artistas y premiados   _____
10 Hice sentir a la audiencia como estrellas   _____
11 Terminé con energía y entusiasmo   _____

Recomendaciones: _____

_____

_____

_____

_____

_____

_____

Autoevaluación

Revisa y evalúa la grabación del video del evento. Según el tipo de ceremonia o actos, evalúa lo siguiente.

1 ¿Cómo hice sentir a la audiencia?
2 ¿Presenté los dignatarios, los oradores, los artistas y los premiados con entusiasmo?
3 ¿Cómo manejó la audiencia mis historias?
4 ¿Qué tipo de reacción tuvo la audiencia ante el uso de humor?
5 ¿Cuánto contacto visual tuve con los participantes?
6 ¿Cómo se proyectó mi voz?
7 ¿Cómo fueron mis movimientos corporales?
8 ¿Qué momentos de mi participación fueron los mejores?
9 ¿Qué momentos de mi participación requieren ajustes?
10 ¿Cumplí con el tiempo?

Lecciones aprendidas: _____

_____

_____

_____

_____

Mejoramiento Continuo

31

Siempre el mejor como los *Navy Seals*

Los *Navy Seals* representan la excelencia en el desarrollo personal y profesional. Más allá de todo tipo de adiestramiento, este grupo élite vive bajo un código de superación, mejoramiento continuo y siempre preparados para cualquier eventualidad. Un maestro de ceremonias puede beneficiarse grandemente de este tipo de actitud y práctica.

Durante el transcurso del evento, siempre ocurrirán situaciones inesperadas. Reconocer que esto es así es un paso importante para todo maestro de ceremonias. Es mejor estar preparado y que no surjan situaciones difíciles, que estar en medio de una situación difícil y no estar preparado.

Los *Navy Seals* practican cuatro reglas principales durante sus misiones secretas y de alto riesgo. Estas pueden ser aplicadas, de manera excepcional, a la función de maestro de ceremonias y a su programa de evolución, para ser siempre el mejor. Primero, los *Navy Seals* siempre están en acción; segundo, se mantienen en movimiento; tercero, comunican hasta el más mínimo detalle de lo que está ocurriendo con su equipo, y por último, son expertos en convertirse en expertos.

Una de las maneras más efectivas de mejoramiento continuo, es practicar estas estrategias utilizadas por los *Navy Seals* en nuestras asignaciones y eventos.

32

Armoniza tu presente
con la práctica Zen

El zen es principalmente una fusión del budismo hindú y del taoísmo chino. Se enfoca en el presente y en la meditación. Es esta la que te ayudará a conquistar la armonía con el universo. Pretende que cada ser conozca su presente de manera que alcance claridad mental, seguridad personal, serenidad y logre renovar su energía.

El maestro de ceremonias necesita tener armonía en su vida para que esto se refleje en la proyección de su desempeño durante el evento. De acuerdo con la práctica zen, esta armonía se logra a través de estas acciones:

1   Levántate temprano y medita sentado.
2   Haz una lista de tareas a completar ese día.
3   Concéntrate en una tarea hasta terminarla.
4   Toma pausas para estimular la renovación de energía y creatividad.
5   Libérate de cadenas mentales.
6   Ayuda siempre a los demás.
7   Esfuérzate por buscar la verdad y observarla.
8   Fuera el orgullo, el egoísmo, el apego y la vanidad.
9   Descarta lo innecesario en tu vida. Sé simple.
10   Actúa correctamente.
11   Disfruta de los pequeños regalos de la vida.
12   Sé agradecido.
13   Conecta con la naturaleza para inspirarte.
14   Sé saludable. Alimenta tu cuerpo sanamente.
15   Sé positivo.
16   Elimina las cosas que son tropiezos en tu vida.

La legítima riqueza humana está dentro de ti si deseas encontrarla. Para ello es necesario vivir el presente con lucidez y autenticidad. Por eso, realiza y practica las acciones sugeridas en la página anterior. Estas te ayudarán a: calmar la mente, vivir con claridad, ver al mundo de una nueva forma, alcanzar el camino hacia el bienestar, armonizar tu presente y evolucionar como un mejor conductor de eventos.

De manera poderosa, el zen pretende que cuando estudies tu interior encuentres también aquello que no aporta a tu evolución humana. Mientras más te concentres en ver tu realidad sin distorsiones en tus pensamientos, mayor fuerza de palabra y visión tendrás cuando te desempeñes como maestro de ceremonias.

Por consiguiente, un maestro de ceremonias que destila armonía y energía sabe que es capaz de cumplir con éxito su gran misión de conducir un evento, a pesar de cualquier sorpresa que pueda presentarse.

Es indiscutible que cuando logras armonizar tu presente con la práctica zen, las oportunidades para conectar con poder con la audiencia crecen a pasos agigantados.

"Es posible alcanzar el éxito mundano y poseer todo tipo de comodidades materiales -como una lujosa casa, comida deliciosa, un yate y varios automóviles, por ejemplo; pero, si su vida carece de un toque de misticismo, el éxito material no tardará en hastiarte."

—Alan Watts

33

Elévate como Don Quijote

Don Quijote de la Mancha, el famoso hidalgo de Miguel de Cervantes, elevaba su espíritu gracias a los libros de caballeros que leía. Son estos los que transformaron con elegancia su palabra. Te invito en esta sección a que te eleves como Don Quijote y que tu comunicación se enriquezca con sinónimos, nuevos vocablos y expresiones.

Mientras más palabras conozcas, más variadas serán tus intervenciones. Comparto la siguiente compilación de sinónimos (Espasa Calpe, 1995).

Abadesa: priora, superiora, rectora.

Abajo: debajo, bajo.

Abarcar: comprender, contener, incluir, cubrir.

Abreviado: resumido, sintetizado, sucinto, breve, corto.

Accesible: alcanzable, cercano, próximo, asequible.

Afectivo: cariñoso, cordial, sensible, afable, cálido.

Alto: elevado, prominente, largo.

Aplomo: seguridad, serenidad, sensatez, mesura, calma.

Bravío: feroz, salvaje, fiero, bravo, indómito.

Bravo: valiente, atrevido, arrojado, audaz, decidido.

Brevedad: prontitud, estrechez, pequeñez, fugacidad.

Brevemente: concisamente, escuetamente, fugazmente, instantáneamente.

Brillante: reluciente, deslumbrante, resplandeciente, radiante, luminoso, chispeante.

Cálido: candente, ardiente, sofocante, tórrido, tropical.

Callado: discreto, reticente, reservado, taciturno.

Denodado: esforzado, decidido.

Desfasado: atrasado, obsoleto, opuesto.

Enriquecido: floreciente, próspero, beneficiado, rico.

Equilibrado: ponderado, prudente, sensato, ecuánime, medido, proporcionado.

Fatal: nefasto, desgraciado, fatídico, funesto, aciago.

Fascinante: alucinante, deslumbrante, encantador.

Frugal: comedido, mesurado, moderado, parco, escueto.

Gigantesco: enorme, colosal, descomunal, hercúleo, imponente, titánico.

Glorioso: memorable, prestigioso, ilustre, famoso, eminente, insigne, célebre.

Grande: monumental, considerable, mayúsculo, inusitado.

Halago: obsequio, mimo, lisonja, caricia.

Ígneo: ardiente, abrasador, caliente, candente, encendido.

Impasible: imperturbable, impávido, indiferente, insensible, circunspecto.

Indiscutible: evidente, incontestable, indudable.

Juicioso: cuerdo, prudente, reflexivo, sensato, grave.

Largo: extenso, amplio, dilatado, prolongado, grande.

Lucidez: sensatez, sutileza, clarividencia.

Maleable: dúctil, elástico, flexible, moldeable.

Mandatario: dignatario, apoderado, delegado, representante.

Motivar: estimular, incitar, suscitar.

Matusalén: longevo, vetusto, vejestorio.

Originario: procedente, original, nativo, natural.

Ortodoxia: autenticidad, fidelidad, lealtad, pureza, rectitud.

Paladín: héroe, campeón, defensor, adalid.

Paladino: claro, evidente, manifiesto, palmario.

Procedencia: nacimiento, origen, cuna.

Prontitud: celeridad, presteza, prisa, urgencia.

Quebranto: deterioro, detrimento, menoscabo.

Quejido: gemido, lamento, lloro, queja.

Quid: esencia, razón, causa, motivo.

Racionalidad: lógica, coherencia, cordura, sensatez.

Ramplón: ordinario, tosco, vulgar, chabacano.

Relevante: destacado, emblemático, significativo.

Rutina: hábito, práctica, usanza, uso.

Rutinario: frecuente, común, repetido, usual.

Sabio: erudito, ilustrado, doctor, versado.

Seísmo: sismo.

Simposio: congreso, reunión, convención, asamblea

Sonoro: ruidoso, estruendo, sonido, vibración.

Subalterno: subordinado, inferior, auxiliar, ayudante.

Tema: asunto, materia, trama, argumento, tesis.

Tono: inflexión, entonación, modulación, acento.

Total: completo, íntegro, cabal, absoluto.

Ubérrimo: fértil, feraz, productivo, abundante.

Unilateral: parcial, limitado, restringido, incompleto.

Urgente: apremiante, perentorio, inminente, imperioso.

Vacilante: indeciso, irresoluto, dudoso, titubeante.

Valía: capacidad, competencia, mérito, talento.

Venturoso: dichoso, afortunado, placentero, próspero.

Veracidad: autenticidad, franqueza, verdad.

Walquiria: valquiria, amazona, guerrera.

Xenofobia: intransigencia, chauvinismo.

Xerocopiar: fotocopiar.

Yermo: inhabitado, incultivado.

Yuxtaponerse: juntar, arrimar, acercar, aplicar.

RECURSOS EDUCATIVOS

En esta sección se incluyen ejemplos de expresiones orales con preposiciones incorrectas. Al lado se presentan las expresiones correctas. Como maestro de ceremonias, es importante enriquecer la expresión verbal con elegancia.

Uso incorrecto	Uso correcto
a celebrarse	por celebrarse
a nombre del senador	en nombre del senador
cerca a	cerca de
de acuerdo a	de acuerdo con
detrás mío	detrás de mí
en consecuencia a	como consecuencia de
en referencia a	en referencia con
hasta el punto de	al punto de
no me recuerdo	no me acuerdo de
objetivos a evaluar	objetivos para evaluar
por siempre	para siempre
relacionado a	relacionado con
respecto a	con respecto a
tirarse en el suelo	tirarse al suelo
sentarse en la mesa	sentarse a la mesa
volví en sí	volví en mí

Alimenta el lenguaje oral con expresiones y construcciones correctas (Pérez, 2013). Comparto varios ejemplos.

Uso incorrecto	Uso correcto
capturé la idea	capté la idea
conlleva consigo	conlleva, consigo
de viento en popa	viento en popa
el puesto que ostenta	el puesto que ejerce
el alcalde fue electo	el alcalde fue elegido
en virtud a	en virtud de
falso pretexto	pretexto
funcionario público	funcionario
hacer público la verdad	hacer pública la verdad
la mayoría del día	la mayor parte del día
legitimizar	legitimar
nexo de unión	punto de unión
nunca no voy	no voy nunca a
opción alternativa	opción, alternativa
pese que	pese a que
poner en relieve	poner de relieve
punto y final	punto final
salir al paso ante	salir al paso de
velar para	velar por

Vocablos aceptados por la Real Academia Española

Los siguientes extranjerismos han sido aceptados en la última década por la Real Academia Española.

Palabra aceptada	Proviene de
carné	*carnet*
chequeo	*checkup*
clic	*clic*
clip	*clip*
cóctel	*cock-tail*
cruasán	*croissant*
eslogan	*slogan*
espagueti	*spaguetti*
estrés	*stress*
líder	*leader*
pudín o pudin	*pudding*
sándwich	*sandwich*
sunami	*tsunami*
suvenir	*souvenir*
tique	*ticket*
videoclip	*videoclip*
yaz	*jazz*

Vocablos aceptados por la Real Academia Española

Las siguientes palabras forman parte del idioma español. Aumenta tu vocabulario. Engalana tu expresión oral.

Palabra aceptada	Significado
biministro	persona al frente de dos ministerios.
cuentacuentos	narrador de cuentos en público.
empático	que tiene empatía.
emplatar	colocar la comida en el plato del comensal antes de presentarlo en la mesa.
energizante	que proporciona energía.
europeizante	dar carácter europeo a lo que no lo tenía.
globalizante	globalizador.
hipertexto	texto que contiene elementos para acceder a otra información.
inculturación	proceso de integración de un individuo o un grupo en la cultura y en la sociedad con los que entra en contacto.
tableta	dispositivo electrónico portátil.

34

Kotowazas y algo más

Kotowaza es un proverbio japonés popular que al igual que las citas y los refranes podrás utilizarlo cuando se presenten escenarios inesperados como los que se describen en el consejo *Piensa con la dureza mental de un trovador.* Comparto algunos de mis *kotowazas* favoritos y otras citas, por temas.

⤳Kotowazas⤳

"Nada es imposible para una mente dispuesta."

"La vida es para una generación; un buen nombre, para siempre."

"El dolor hace pensar al hombre. El pensamiento hace al hombre sabio. La sabiduría nos conduce a la verdad."

"El verdadero blanco que el arquero debe apuntar es su corazón."

⤳Algo más...comunicación y la vida⤳

"Siempre he sentido que la vida es primero una historia, y si hay una historia, hay un narrador de historias." —G. K. Chesterton

"Nunca cambiará tu vida hasta que cambies algo que haces diariamente."—Dr. John C. Maxwell

"El lenguaje es la piel de nuestros pensamientos".—Oliver Wendell Holmes

"No olvides mi querido, amigo, que puedes comunicar una misma verdad de dos formas: la pesimista que solo recalcará el lado negativo de esa verdad o el optimista que sabrá encontrarle siempre el lado positivo a la misma verdad." —Del cuento, *Los dientes del Sultán en Las mil y una noches*

ᔓAlgo más...máximo potencial y éxitoᔓ

"Para ser exitoso, salta tan rápidamente a las oportunidades como haces con las conclusiones."—Benjamin Franklin

"La grandeza es la capacidad de reconocer el poder de tu mente para adoptarlo y utilizarlo."—Napoleon Hill

"Tu mundo es una expresión viviente de cómo estás usando y has usado tu mente."—Earl Nightingale

"He encontrado que siempre aprendo más de mis errores que de mis éxitos. Si no estás cometiendo errores es porque no te estás arriesgando lo suficiente."—John Sculle

"Antes que todo, estar preparado es el secreto del éxito." —Henry Ford

"La mayoría de la gente falla en el arranque." —Maureen Falcone

"La conquista de sí mismo es la mayor de las victorias." —Platón

ᴄ⟲Algo más...instrospecciónᴄ⟲

"Solo aquel que ha estado en lo más profundo de los valles puede entender lo que es estar en la cumbre de la más alta montaña."—Nixon

"Por más intensa que sea la tormenta, el espíritu ha de permanecer siempre impasible."—Jiddu Krishnamurti

"La inspiración existe, pero tiene que encontrarte trabajando."—Pablo Picasso

"La mayoría de las personas no dirigen sus vidas; ellos aceptan sus vidas."—John Kotter

ᴄ⟲Algo más...matrimonio y amorᴄ⟲

"Un matrimonio feliz es una larga conversación que siempre parece demasiado corta."—André Maurois

"La máxima felicidad del matrimonio, cosa que los jóvenes ignorarán siempre, es la de envejecer juntos."—Herman Keyserling

"El amor abre el paréntesis, el matrimonio lo cierra."
—Víctor Hugo

Utiliza este ramillete de *kotowazas* y de citas para conectar con la audiencia, en el momento que consideres apropiado hacerlo y según el tipo de ceremonia.

35

Un cóctel de lecturas para triunfar

La lectura no solo nos protege del desarrollo de enfermedades degenerativas como el *alzheimer*, sino que estimula la percepción, la representación visual de las palabras, la concentración y la manera en que relacionamos experiencias de lo que leemos y las atamos a otras experiencias, según indica el doctor Jeff Zacks de la Universidad de Washington.

Este exquisito cóctel de lecturas es rico en lecciones de triunfadores, de personas que conocen su propósito en la vida y desean compartirlo con los demás. Te invito a que cada día leas por lo menos treinta minutos, en la mañana y en la noche. Disfruta del siguiente cóctel. ¡Lo que aprendas, te dará poder!

How to Win Friends and Influence People por Dale Carnegie (edición especial de aniversario), 2010.

Just Listen: Discover the Secret to Getting Through to Absolutely Anyone por Mark Goulston, 2009.

Resonate: Present Visual Stories that Transform Audiences por Nancy Duarte, 2010.

Crucial Conversations: Tools for Talking When Stakes are High por Kerry Patterson (et al), 2da edición, 2011.

Quiet Leadership por David Rock, 2006.

Tribes: We Need You To Lead Us por Seth Godin, 2008.

My Philosophy for Successful Living por Jim Rohn, 2012.

Quotable Quotes por Reader's Digest Editors, 1997.

1001 Smartest Things Ever Said por Steven D. Price, 2005.

The Book of Positive Quotations por John Cook, 1999.

Executive Book of Quotes por David M. Goldstein, 2008.

Why do We Say It? The Stories Behind the Words, Expressions and Cliches We Use por Castle Book, 1990.

1001 Citas y frases ingeniosas sobre profesiones y profesionales por Gregorio Doval, 2008.

Citas y frases célebres de todos los tiempos por Roberto Martín Flores, 2012.

Llena tu vida de vida: Las mejores citas y pensamientos positivos por Lyn Miller, 2011.

Humor is no Laughing Matter por Ross Mackay, 2006.

Using Stories and Humor: Grab Your Audience por Joanna Slan, 1997.

Emotions Revealed: Recognizing Faces and Feelings to Imnprove Communication and Emotional Life por Paul Ekman, 2da edición, 2007.

El libro de la moda por Nina García, *2012*

Entertaining with Elegance por Geneviève Antoine Dariux, 1965.

Everyday Etiquette: How to Navigate 101 Common and Uncommon Social Situations por Patricia Rossi, 2011.

Kiss, Bow, or Shake Hands por Terri Morrison & Wayne A. Conaway, 2da edición, 2006.

Thinking, Fast and Slow por Daniel Kahneman, 2010.

Drive: The Surprising Truth About What Motivates Us por Daniel H. Pink, 2011.

Shark Tales: How I Turned $1,000 into a Billion Dollar Business por Barbara Corcoran y Bruce Littlefield, 2011.

13 Secrets of World Class Achievers por Vic Johnson, 2012.

Influence por Robert B. Cialdini, 2013.

La sabiduría del liderazgo por Rubén Huertas, 2014.

El poder de la oratoria por Elbia Quiñones, 2012.

Easy Peasey-People Skills for Life por Allan y Barbara Pease, 2006.

The Way of the Seal. Think Like an Elite Warrior to Lead and Succeed por Mark Divine con Allyson Edelhertz Machate, 2013.

Nos veremos en la cumbre por Zig Ziglar, 1978 (año de la publicación en español).

The Power of Habit: Why We Do What We Do in Life and Business por Charles Duhigg, 2014.

Practice Perfect: 42 Rules for Getting Better at Getting Better por Doug Lemov, Erica Woolway, Katie Yezzi y Dan Heath, 2012.

The Power of Body Language: How to Succeed in Every Business and Social Encounter por Tonya Reiman, 2007.

The 5 Levels of Leadership: Proven Steps to Maximize Your Potential por Dr. John C. Maxwell, 2011.

The 5 Essential People Skilss: How to Assert Yourself, Listen to Others, and Resolve Conflicts por Dale Carnegie Training, 2009.

Desarrollo Personal por Rubén Huertas, 2008.

Mientras más leas o estudies libros en audios, más seguro te sentirás para entretener a la audiencia y más rápido podrás improvisar cuando haya demoras o situaciones inesperadas. ¡Serás el maestro de la palabra!

Inventario de Lecturas

Escribe en este espacio tres libros de desarrollo personal o de cualquier área de interés, que en un momento pensaste en leerlos y ahora tendrás la oportunidad de hacerlo.

1 _____

2 _____

3 _____

Define cuándo completarás su lectura.

1 _____

2 _____

3 _____

36

¿Qué puedo aprender de los animadores y presentadores de la televisión?

Animadores y algo más...

"Buenas noches y bienvenidos a la ceremonia de entrega de los premios de la Academia. Este es verdaderamente el evento del cine más grande del año, en el cual se honran las películas y sus actores".

¿Qué tienen en común Bob Hope, Johnny Carson, Billy Crystal, Whoopi Goldberg y Hugh Jackman con estas líneas de introducción? Estas estrellas de Hollywood han fungido como animadores y presentadores en las distintas ediciones de los premios Oscar®. Cada uno ha aportado con su estilo al éxito de este evento. En general, todos reúnen las siguientes características que deben formar parte del perfil del maestro de ceremonias. Veamos.

- ➢ enérgicos y elocuentes
- ➢ preparados para llenar cualquier espacio
- ➢ agradables y divertidos
- ➢ conquistadores del corazón de la audiencia
- ➢ dominan el escenario
- ➢ proyectan convicción en la voz
- ➢ manejan con aplomo el libreto
- ➢ talentosos para improvisar
- ➢ controlan magistralmente el tiempo
- ➢ conocedores del evento y del tipo de audiencia
- ➢ extraordinario sentido del humor

Este perfil se repite para otros tipos de espectáculos donde se entregan los siguientes premios: Grammy®, Emmy®, Goya, Palme d'Or, MTV Video Music Awards®, Golden Globe®, Billboard Music Awards® y otros. La realidad es que no importa si es un evento familiar, religioso, político o de asociaciones profesionales, la figura del conductor de ceremonias es imprescindible para que el programa se lleve a cabo con elegancia, de manera ordenada y con transiciones suaves y, sobre todo, para que el público disfrute y recuerde por más tiempo lo que observó, escuchó y sintió durante el mismo.

Enaltece siempre a la audiencia

Algunas ceremonias famosas han sido conducidas por anfitriones que olvidaron que la audiencia es quien determina si valió la pena estar allí; no ellos. El comediante norteamericano Chevy Chase en la entrega de los premios Oscar® de 1987 dio la bienvenida llamando a los actores "farsantes de Hollywood". Por otro lado, el actor y comediante británico Ricky Gervais como animador de los premios Golden Globe® de 2012 ridiculizó a grandes actores y se destacó por sus expresiones sin decoro sobre las drogas, la sexualidad y el alcoholismo. Estos ejemplos no son modelos de lo que se espera de un maestro de ceremonias, un animador o presentador. Enaltece siempre a la audiencia.

Observa y aprende de los animadores de programas

Un animador se distingue por exhibir un compendio de destrezas, habilidades y de entusiasmo con pasión. Muchas de las destrezas de los animadores de televisión forman parte de nuestra caja de herramientas. Veamos.

Oprah Winfrey. Poderosa contando historias y entendiendo los sentimientos de la audiencia.

Johnny Carson. Habilidad de improvisar y entretener con humor es memorable.

David Letterman. Décadas de astucia.

Meredith Vieira. Actitud positiva hacia la vida.

Billy Crystal. Un gran conector con la audiencia.

Bob Clark. Servir con el corazón a quienes nos siguen.

Don Francisco. Consistencia por más de 50 años.

Jay Leno. Creatividad para anunciar cosas inusuales.

Lucy Pereda. Proyección con elegancia.

Ed McMahon y **Mario López.** Empatía con la audiencia.

Visualizaste el animador ideal. A este solo le falta tu esencia, tu aroma, tu corazón. Actúa.

Mensaje Final

"Tu crecimiento personal dependerá de cuánto trabajes para alcanzar tu potencial en la vida. Para ello, conviértete en el mejor maestro de ceremonias que tú puedas superar."

—Elbia Quiñones

Mensaje Final

Desde el aire, viajando hacia New York, escribo estas últimas líneas para persuadirte a que incursiones en el mundo maravilloso de los eventos y de sus ceremonias y para que practiques estos consejos simples y muy efectivos para proyectarte con poder.

Si ya eres un maestro de ceremonias, animador o presentador, utiliza aquellas secciones que añadan valor a lo que haces regularmente. El famoso filósofo de negocios, Jim Rohn decía que cuando nacemos no sabemos cómo se siente el valor o el miedo. Aprendemos a conocerlos por lo que experimentamos en la vida y esto muchas veces intoxica las oportunidades del éxito. Sin embargo, cuando nos privamos de la oportunidad de explorar nuevos mundos o practicar nuevas estrategias ante la incertidumbre de cómo será nuestro desempeño, saboteamos nuestro crecimiento personal y profesional.

La realidad es que siempre tendremos indecisiones y dudas de cómo desempeñarnos efectivamente cuando animamos fiestas, espectáculos o dirigimos ceremonias solemnes. En muchas ocasiones ocurrirán situaciones imprevistas. Por eso, debes estar siempre preparado como los *Navy Seals*. Usa, además, tu *kit* para manejarlas. ¡Un maestro de ceremonias preparado vale por dos!

Por otra parte, en este viaje por la historia, tú y yo, confirmamos que la figura del maestro de ceremonias ha sido fundamental en el crecimiento cultural de los pueblos y que su rol no está exento de experimentar retos de crecimiento y de continua reflexión.

De igual modo, es importante que continúes aprendiendo y *estirándote* para que el conocimiento y la experiencia te transformen con poder como a nuestros antecesores. Actúa con intención. Usa los distintos formularios diseñados para simplificar y guiar tu trabajo. Practica, además, los consejos que he compartido. El maestro de ceremonias es mucho más que un conductor de eventos. Es un *camaleón* que hábilmente escucha, observa y se fusiona entre los dignatarios, los oradores, la audiencia, los auspiciadores y los artistas. Aunque se camufla entre ellos, conoce muy bien su propósito, conducir esta orquesta de exquisitos talentos y que sus miembros sean los que brillen.

Amigo lector, sé que el destino tiene planes maravillosos para ti y, sobre todo, para que toques positivamente muchas vidas al fungir como maestro de ceremonias. Siempre, conectando con poder.

Tu amiga,

Elbia

Glosario

Glosario

Acto. Celebración pública o solemne.

Afonía. Pérdida total de la voz. Es el nivel máximo de la disfonía.

Anfitrión. Persona o entidad que recibe en su país o en su sede habitual a los invitados.

Animador. Persona que presenta y ameniza un espectáculo de variedades, fiestas o eventos.

Aparato fonador. Genera el sonido de la voz. Se compone de tres grupos de órganos: respiración (pulmones, bronquios y tráquea), fonación (laringe, cuerdas vocales, nariz, boca y faringe) y articulación (paladar, lengua, dientes, labios y glotis).

Atril. Un soporte con una inclinación superior desde la cual un orador ofrece su discurso. No es un podio.

A/V. Abreviatura utilizada para el término equipo audiovisual (proyectores, grabadoras, micrófonos).

Ceremonia. Acto solemne que se lleva a cabo según normas o ritos establecidos. La palabra ceremonia procede del latín y se compone de Caere (ciudad etrusca en la cual los sacerdotes realizaban ritos religiosos) y *munus* (tarea, espectáculo público).

Ceremonial. Del latín *ceremonialis*. Serie o conjunto de formalidades para cualquier acto público o solemne. Ambiente que rodea los actos oficiales y ceremonias.

Coordinador de eventos. Persona a cargo de la planificación de la logística de la reunión, como configuración de la sala, reservaciones del hotel, comidas, viajes, y algunas veces la contratación de los equipos audiovisuales. Se le conoce también como organizador o planificador de eventos.

Dandi. (Dandy). Hombre que se distingue por su formidable elegancia y buen tono.

Decibel (db). El decibel o decibelio es la unidad de medida de la intensidad sonora.

Diafragma del micrófono. Recibe el sonido (voz o música) y lo convierte en señales eléctricas. Para voces femeninas, se requiere un diafragma pequeño. Para voces masculinas, un diafragma grande.

Diplomacia. Ciencia de las relaciones de unas naciones con otras.

Disfonía. Cambio anormal de la voz provocada por distintos tipos de enfermedad. Se altera el timbre, el tono y la intensidad de la voz.

Disglosia. Dislalia orgánica. Trastorno de la articulación de los fonemas debido a malformaciones de los órganos del habla: labios, lengua o paladar.

Dislalia. Dificultad para articular fonemas como la r, k, l, s o la z.

Estrado. Sitio de honor, algo elevado, en un salón de actos. Tarima cubierta con alfombra, sobre la cual se pone el trono real o la mesa presidencial en actos solemnes.

Esmoquin. (Smoking). Prenda masculina de etiqueta parecida al frac cuya chaqueta no tiene faldones.

Etiqueta. Ceremonial de los estilos, usos y costumbres que deben observar en las casas reales y en los actos públicos y solemnes.

Evento. Suceso importante y programado, de índole social, artística, académica o deportiva.

Filtro. Ayuda a disminuir el impacto del aire de la boca o de otros ruidos en el micrófono.

Fonema. Imagen mental de un sonido. Es la unidad básica que se usa en el estudio fonológico de la lengua.

Frac. Traje de etiqueta masculino con faldones.

Keynote Speech. Es el discurso principal que se presenta durante o al final de una cena. Generalmente, toma 30 a 90 minutos y se delimita a un tema de interés que apela a todos los participantes de la audiencia.

Kotowaza. Proverbio popular japonés.

Halitosis. Olor fétido que se produce al respirar o abrir la boca.

Hercio (hertz, hertzio). Unidad de medida para la frecuencia que mide el número de oscilaciones por segundo de una onda.

Honorarios. Retribución convenida por el servicio como orador o maestro de ceremonias.

Laísmo. Uso exagerado de 'la' y 'las' en el complemento directo e indirecto.

Lambacismo. Pronunciar la letra 'R' por la letra 'L'. Ejemplo: amol por amor.

Latigazo laríngeo. Lesión provocada por la rotura de los vasos sanguíneos del músculo vocal ocasionada generalmente por el sobresfuerzo vocal o un traumatismo. Se caracteriza por el dolor muy fuerte en la laringe y la afonía súbita.

Maestro de ceremonias. Profesional responsable de que las ceremonias se observen en el orden establecido, con sobriedad, respeto y cortesía. Conoce las reglas del protocolo y del ceremonial.

Maître de cérémonie. Palabra francesa para maestro de ceremonias.

MC. Abreviatura para maestro de ceremonias. En la música se le conocía como la persona que controlaba el micrófono (*mic controller).*

Orador. Persona que habla ante un público, pronuncia discursos o imparte conferencias.

Ordines Romani. Libros litúrgicos antiguos que definen el modo de desarrollar los rituales y ceremonias sagradas.

Orquesta. Conjunto de aproximadamente cien músicos de varios instrumentos (cuerda, madera, metal y percusión) que tocan composiciones escritas con el acorde de todos ellos. Todas las orquestas filarmónicas son sinfónicas.

Orquesta filarmónica. Amante de la música. Se llama filarmónica cuando la orquesta es apoyada por asociaciones privadas para recaudar fondos para esta.

Otorrinolaringólogo. Médico especializado en las enfermedades de la garganta, nariz, oídos y cuello.

Palatina. Del palacio o propio de los palacios.

Podio. Plataforma o tarima sobre la que se coloca una persona para comunicarse con la audiencia o el público.

Presentador. Persona que introduce al orador a la audiencia y da una breve reseña de quién es y cómo se relaciona con el tema.

Programa. Documento que recoge la secuencia de los sucesos que forman parte del desarrollo de los actos.

Protocolo. Regla ceremonial, diplomática o palatina, establecida por decreto o costumbre. Conjunto de reglas y ceremoniales que deben seguirse en determinados actos o con determinadas personalidades.

Resonancia. Calidad que logra que la voz se escuche rica en tonos, profundidad y sea agradable.

Respiración diafragmática. Respiración que deposita el aire en el abdomen para que el diafragma logre vibrar las cuerdas vocales.

Ritos. Costumbre o ceremonia que siempre se repite de la misma manera. Conjunto de reglas establecidas para el culto y ceremonias religiosas.

Rituales. Conjunto de ritos de una religión o de una iglesia o de una función sagrada.

Rotacismo. Conversión de la letra 'L' en 'R'. Ejemplo: Argunas por algunas.

Seminario. Presentación de un tema relacionado con una destreza o conocimientos específicos.

Sinceridad. Concordancia entre lo que se siente y se revela.

Sincronismo. Concordancia entre la palabra y el tiempo del gesto.

Sistema VAK. Sistema de representación visual, auditivo y cinestésico que determina nuestra manera de aprender las cosas.

Socioacusia. El déficit auditivo provocado por el ruido ambiental.

Sonido. Realización física de un fonema. El sonido producido por las cuerdas vocales es un sonido en bruto y muy similar al de los animales. Cuando llega este sonido bruto a la boca se transforma por el sonido hablado.

Taller. Reunión de un grupo de personas con funciones o roles similares con el propósito de estudiar y analizar situaciones y generar soluciones de conjunto.

Técnica vocal. Forma de hablar sin vicios de dicción.

Timbre. Es una de las cuatro cualidades esenciales del sonido articulado junto con el tono, la duración y la intensidad. Se trata del matiz característico de un sonido. Es tu voz. Esta puede ser chillona, agradable, armoniosa, brillante, suave, entre otras cualidades.

Tono. Es la propiedad de los sonidos que los caracteriza como más agudos o más graves, en función de su frecuencia.

Variedades. Espectáculo teatral ligero, formado por varios números de índole diversa.

Variedad vocal. Cambios en la velocidad, tono y volumen de la voz del orador.

Velo del paladar. Tejido colgante y blando situado en la parte trasera del paladar.

Vestifobia. Miedo persistente y exagerado a la ropa y a vestirse. Aquellos que la padecen sienten miedo a contraer bacterias y gérmenes a través de la ropa.

Vexilogía. Estudia todo lo relativo a la historia, el simbolismo y el empleo de las banderas. Disciplina que estudia también los pendones y estandartes.

Vicio expresivo. Forma incorrecta e impropia de expresar una frase.

Vicio elocutivo. Forma incorrecta e impropia de empleo del vocablo que distorsiona la interpretación del mensaje.

Visualización. Proceso de verse el orador aproximándose a la tarima y efectuando su discurso con éxito.

Vocales. Los sonidos vocálicos son clasificados según el timbre (agudos, intermedios y graves), a la posición de la lengua (anteriores, centrales y posteriores), y a la abertura entre la lengua y paladar (cerrados, medios y abiertos).

Vocalización. Cualquier ejercicio que se ejecuta con las vocales para dar agilidad y flexibilidad a la voz. Por ejemplo: pronunciar las vocales con diferentes énfasis tónicos (gimnasia vocálica).

Vocativo. En protocolo y etiqueta, es el término o tratamiento que se usa para dirigirse a una autoridad en un acto público o mediante una comunicación escrita. Ejemplo: Excelentísimo Señor Presidente de la República.

Voces femeninas. Voces de mujer comprenden también las voces de niño. Las voces de mujer se dividen en: soprano (aguda), mezzosoprano (intermedio de soprano y contralto) y contralto (grave).

Voces masculinas. Las voces de hombre se dividen en: tenor (la más aguda), barítono (intermedio entre el tenor y el bajo) y bajo (la más grave). Comienza a formarse a partir de los trece o catorce años.

Volumen. Cuán ruidosa o suave es la voz del orador.

Voz. Es el medio que nos identifica entre el resto de las personas. Instrumento por el cual transmitimos nuestro mensaje. Es elástico; por eso cambia todo el día.

Xerostomía. Sensación de la boca muy seca debido a la disminución de la salivación.

Referencias

Referencias

Casados por un robot. (2007). Recuperado el 17 de septiembre de 2013 de http://www.tuexperto.com/2007/06/21/casados-por-un-robot/

Chopra, D. (2013). *What are you hungry for? The Chopra solution to permanent weight loss, well-being and lightness of soul.* Harmony Books: New York.

De Urbina, J. (2001). *El gran libro del protocolo.* Temas de Hoy: Madrid.

Falke, M. (1990). *The first four seconds: things successful men know about dressing for power.* Texas: Falcon House Publishing.

Fundación del Español Urgente. (2013). Publicación electrónica consultada en http://fundeu.es/categorias/formasincorrectas

Gladwell, M. (2008). *Outliers: The Story of Success.* NY: Little Brown and Company.

Garcés, L. (2010). *Tu lengua: espejo de tu estado emocional y de salud.* Recuperado el 27 de diciembre de 2013 de http://www.biomanantial.com/lengua-espejo-estado-emocional-salud-a-1840-es-html

Global Healing Center. (6 de enero de 2012). *Los beneficios de la pasta dental y el enjuague bucal orgánico.* Recuperado el 14 de enero de 2013 de http://www.globalhealingcenter.net/salud-natural/pasta-dental-enguague-bucal.html

Hartman, T. (1999). *The color code: a new way to see yourself, your relationships, and life. (2nd ed).* USA: Scribner Publishing Group.

_____. (1999). *Color your future: using the character code to enhance your life. (2nd ed).* USA. Fireside

La primera boda oficiada por un robot (2010). Recuperado el 15 de julio de 2013 de http://www.elmundo.es/elmundo/2010/05/17/ciencia/1274094775.html

Manual de protocolo en la hostelería. (2004). D. Tema III. Los tratamientos. Títulos de cortesía. Recuperado el 27 de enero de 2013 de http://www.protocolo.org/laboral/manual_protocolo_hosteleria/d_tema_iii_los_tratamientos_titulos_de_cortesia

National Institute of Dental and Craniofacial Research. (febrero 2012). *La boca seca.* Recuperado el 5 de diciembre de 2012 de http://www.nidcr.nih.gov/OralHealth/Topics/DryMouth/Labocaseca.html

REFERENCIAS

Oscar® 2011: Las mil caras de Anne Hathaway, la maestra de ceremonias más joven de la historia (2011). Recuperado de http://oscars.hola.com/oscar-2011/anne/hathaway/1/

Partington, C. *El atuendo de noche* (s.f.) Recuperado el 27 de febrero de 2013 de http://www.carollpartington.com/teo_masc_noche.htm

Quiñones, E. (2012). *El poder de la oratoria.* San Juan: Power Publishing Learning Systems.

Real Academia Española. (s.f.) Diccionario de la lengua española (avance de la 23.a edición). Consultado en http://www.rae.es/drae

Remedios populares. *Remedios caseros para la boca seca* (s.f.) Recuperado el 19 de febrero de 2013 de http://www.remediospopulares.com/boca_seca.html

Robert III, H.M., W.J. & Balch, T.J. (2004). *Robert's rules of order newly revised in brief.* Massachussetts: DaCapo Press.

Smithsonian National Gallery. (2006). The Portrait - George Washington: A National Treasure. Recuperado el 18 de febrero de 2013 de http://www.georgewashington.si.edu/portrait/dress.html

Thourlby, W. (1992). *You are what you wear*. USA: Wittenburg and Brown.

Tradicionales ancestrales de matrimonios. (s.f.) Recuperado el 27 de mayo de 2013 de http://www.cybernovios.cl/art_tradiciones.htm

Trebede. (16 de junio de 2010). *Santos Dumont y el primer reloj de pulsera de la historia*. Recuperado el 18 de agosto de 2013 de http://es.paperblog.com/santos-dumont-y-el-primer-reloj-de-pulsera-de-la-historia-187791/

The U.S. National Archives and Records Administration. (12 de enero de 2013). *George Washington's First Inaugural Address Now on Display*. Recuperado el 20 de febrero de 2013 de http://www.archives.gov/legislative/features/gw-inauguration/

United Nations. Population Facts (December 2012). *Population ageing and development: Ten Years After Madrid*. Recuperado el 21 de septiembre de 2013 de http://www.un.org/en/development/desa/population/publications/pdf/popfacts_2012-4.pdf

Universidad de Córdova. *Protocolo comensal*. (s.f.) Recuperado el 15 de marzo de 2014 de http://www.uco.es/ayc/protocolo.pdf

Vargas, I. (27 de julio de 2012). *¡Que tu vestimenta diga: contrátame!* Recuperado el 30 de diciembre de 2012 de http://www.cnnexpansion.com/get_content.php

Wikipedia. *Hercio*. (s.f.) Recuperado el 13 de febrero de 2013 de http://es.wikipedia.org/wiki/Hercio

_____. *Giuseppe Verdi*. (s.f.) Recuperado el 24 de mayo de 2013 de http://en.m.wikipedia.org/wiki/Giuseppe_Verdi

_____. *Maestro de ceremonias*. (s.f.) Recuperado el 11 de diciembre de 2012 de http://es.wikipedia.org/wiki/Maestro_de_ceremonias.

Índice

Índice

ÍNDICE

Conoce a la autora

Conoce a la autora

Elbia I. Quiñones es fundadora y diseñadora de los programas de Fast Growth International. Incorpora elementos de persuasión visual y de lenguaje no verbal en sus presentaciones logrando así una comunicación clara y de excelencia.

Cuenta con más de veinte años de experiencia corporativa y organizacional. Domina, además, los elementos de persuasión y comunicación efectiva. Ha logrado integrar elementos complejos, de manera sencilla y fácil de aprender, en los programas de oratoria y de liderazgo. Su sistema práctico acelera el proceso de aprendizaje y el dominio de los fundamentos de la comunicación. Trabaja con profesionales de todo tipo de industrias.

También, dedica parte de su tiempo libre como voluntaria para fomentar la oratoria, comunicación y liderazgo en los jóvenes, visitando escuelas y facilitando talleres básicos.

Su más reciente proyecto ha sido el estudio, investigación e incorporación de elementos exitosos de aprendizaje de origen japonés. Estos garantizan la retención de un mínimo de 70% del material expuesto. Contrasta con el modelo convencional de occidente, el cual logra un máximo de 10% de retención.

Trabaja, además, como diseñadora de presentaciones y discursos corporativos y protocolarios. Oradora y presentadora de temas, tales como: *Tu Cuerpo Habla, Negociación Corporal, Escucha tu Voz y El Poder de la Oratoria*. Ayuda a los empresarios a proyectarse con poder. Le llaman *"La dama de la oratoria"*.

En el 2012 alcanzó la designación de "Toastmaster Distinguida" (DTM), el más alto reconocimiento que otorga la organización *Toastmasters International* a través de sus programas de comunicación y de liderazgo. Es la primera persona en Puerto Rico en alcanzar tan cotizado galardón. Asimismo, obtuvo varias certificaciones ofrecidas por la institución School of Language de Washington, incluyendo Advanced Body Language Expert.

Es también autora del libro *El Poder de la Oratoria* (2012) y colaboradora en el libro *Heart of a Toastmaster* con su historia *Anything is Possible* (2013). Es coach, adiestradora y oradora certificada por The John Maxwell Team®.

La autora está disponible para presentaciones, seminarios, talleres y consultoría tanto en inglés como en español. Para contrataciones pueden comunicarse con Power Publishing Learning Systems al 787.378.0598 o mediante correo electrónico a elbia@fastgrowthpr.com

Preguntas Frecuentes

Espero que las respuestas a estas preguntas puedan ayudarte a ser más poderoso cuando te desempeñes como maestro de ceremonias o animador.

P. ¿Cuán correcto es realizar pruebas del micrófono ante la audiencia?

R. No es correcto. Por eso la importancia de realizar las pruebas antes de que la audiencia entre al salón. El coordinador o el organizador del evento siempre está presto, junto con el encargado del equipo audiovisual, para ayudarte en estos menesteres.

P. ¿Cómo debo manejar la presentación de los oradores si no tengo información, antes del evento?

R. Si el coordinador de eventos no pudo proveerla, busca en la internet. Te aseguro que obtendrás datos suficientes y relevantes sobre los oradores. Además, las organizaciones en las cuales han prestado servicio son estupendas fuentes para recopilar información de cómo han impactado los ambientes laborales y las comunidades a las que sirven.

De igual manera, investiga si han sido galardonados recientemente por la prensa o alguna institución.

P. Cuéntame alguna anécdota de la cual has aprendido a ser una mejor maestra de ceremonias.

R. En una ocasión el coordinador de eventos completó el libreto cinco minutos antes de comenzar la ceremonia. Faltaban dignatarios por confirmar y, sobre todo, el juez responsable de la juramentación del presidente para la Junta 2012 - 2013. Me enseñó a mantener la calma, tener fe y preparar un plan de contingencia en menos de cinco minutos. Gracias a Dios, el juez llegó.

P. ¿Cómo se manejan los invitados que llegan tarde?

R. En otra ceremonia, un expresidente gritaba: "Saluda, llegó otro invitado especial". Esa noche varios invitados llegaron tarde, por lo que el expresidente deseaba fervientemente que los saludara según entraban, aunque se interrumpiera la ceremonia. Con mucho respeto, le comenté en privado sobre el manejo del protocolo y de cuánto tiempo adicional estaba tomando del programa. No volvió a interrumpir. ¡Creo que pensó en cuánto más tendría que pagar por el uso de las instalaciones!

Estas son algunas de las consultas frecuentes realizadas. De surgir otras mientras te desempeñas como maestro de ceremonias, sencillamente compártelas. Probablemente tu pregunta ayudará a otra persona a ser mejor como maestro de ceremonias o animador.

Quiero saber de ti...

Cuéntame cómo te ha ido en esta nueva aventura como conductor de eventos y si ya lo eras, qué has utilizado para conectarte y proyectarte con más poder.

Escríbeme a *elbia@fastgrowthpr.com*. Tus experiencias son importantes para mí. Gracias por permitirme aportar a tu crecimiento y por añadir valor a mi vida.

Bono

El Poder de la Oratoria

Extracto del libro "El Poder de la Oratoria"
Introducción y Capítulo I

Por Elbia I. Quiñones

Disponible a través de:

Power Publishing Learning Systems

www.amazon.com

www.powerpublishingpr.com

Solicítelo en su librería favorita

ISBN 978-0-9819090-9-7

Introducción

Hablar ante un público es una combinación de arte y destrezas aprendidas, es una expresión de emociones, de ideas, de imaginación. Muchas veces es lograr que algo que no existe, cobre vida. Damos vida a la palabra cuando comunicamos y nos conectamos con la audiencia. Sin embargo, qué decir y cómo decirlo requiere que uno se enfrente a innumerables retos.

Con certeza puedo decir que la oratoria induce a una transformación de vida. A través de su poder se fortalece la confianza que te inspira a ser mejor, a crecer. Al recuperarla, pude arriesgarme a explorar otras carreras profesionales que siempre había deseado como ser escritora y editora. Sueños que se hicieron realidad, gracias al poder de la oratoria y a su maravillosa transformación.

Estos últimos años han sido los más productivos en mi vida: desde publicar y editar múltiples libros de bienes raíces, colaborar en revistas profesionales, ser conferenciante hasta desarrollar mi compañía Fast Growth International. Sin la transformación tan poderosa que he experimentado mediante la oratoria, jamás hubiera tenido la oportunidad de creer que con imaginación tenía un mundo de posibilidades y éxitos. Lo más importante, a penas estoy comenzando.

Regálate esa transformación que ocurre a través de la oratoria. Siente su poder, su sanación, su riqueza, su crecimiento. ¡Tú te lo mereces!

Capítulo 1

EL PODER TRANSFORMACIONAL
DE LA ORATORIA

"Muchos son los que obran bien, pero contadísimos los que hablan bien; lo que demuestra que hablar es mucho más difícil que hacer y desde luego, mucho más hermoso".—Oscar Wilde

El Poder Transformacional
DE LA ORATORIA

¿Qué tienen en común los presidentes de las naciones, los líderes comunitarios y los ciudadanos del mundo? Todos necesitamos, día a día, del poder de la oratoria para inspirar, convencer, persuadir y provocar un cambio de actitudes y de comportamiento. Este arte de hablar con elocuencia nació de la rica fusión de elementos griegos y romanos ocurrida hace más de 2,000 años.

En Atenas, la oratoria fue el medio para alcanzar puestos políticos, prestigio y honor. De igual manera, cada ciudadano desarrollaba la destreza de hablar ante un público para representarse y defenderse en las cortes. En ese entonces la figura del abogado no estaba definida.

De los griegos heredamos los elementos básicos de un buen discurso. Aristóteles los definió como credibilidad *(ethos)*, argumentos claros y válidos *(logos)* y apelar a las emociones de la audiencia *(pathos)*. Uno de los principales oradores atenienses de este estilo de oratoria fue Demóstenes, considerado por muchos como el Padre de la Oratoria.

Demóstenes desarrolló la elocuencia estudiando los discursos de reconocidos oradores. Practicaba en una habitación subterránea que construyó para ese propósito. En otras ocasiones, caminaba cerca del mar para hablar por encima del ruido de las olas. Cuando comía, recitaba versos para fortalecer los músculos de la cara y la boca.

Cuenta la historia que a los siete años quedó huérfano, pero con una gran fortuna. Su familia era muy rica y su padre dejó un fideicomiso para él a cargo de sus tíos-tutores. Estos malgastaron la fortuna, por lo que Demóstenes vivió su juventud en la extrema pobreza. Sin embargo, a los veinte años, el joven decidió demandar a sus tutores. Pronunció cinco discursos durante los juicios que le ayudaron a recuperar lo que quedaba de su fortuna.

Poco a poco fue desarrollando un estilo único en la oratoria. Pasó de ser un niño con un defecto de elocución en el habla que le hacía proyectarse con una voz desagradable, extraña y con dificultades en el manejo del aire (tartamudo) a un orador que perfeccionó el estilo del mensaje con pasión, gestos, voz y tonos paralelos a las palabras.

De Grecia la oratoria pasó al Imperio Romano. En Roma tenemos dos grandes expositores: Marco Tulio Cicerón y Marco Fabio Quintiliano. De Cicerón, heredamos el estilo del lenguaje, la organización, la selección de los argumentos, la presentación memorizada y el uso de los gestos, las expresiones y el volumen en el discurso.

A Marco Fabio Quintiliano, también se le acredita ser el Padre de la Oratoria por su obra de doce volúmenes *Institutio Oratoria*, en los cuales presenta cómo debe ser un orador. Sea Demóstenes o Marco Fabio Quintiliano el Padre de la Oratoria, la historia demuestra que independientemente tu situación inicial, tú puedes ser un orador destacado. No importa si es en Grecia, Roma o en alguna otra parte del mundo, cuando seas orador hazlo con pasión. No prives a las personas de tu tesoro interior. ¡Otros en el tiempo contarán tus historias!

Aprende a vivir a través de la oratoria, aprende de nuevo a sentir

Hoy seré la voz de aquellas personas que nunca quisieron ser oradores y sin saberlo se negaban a explorar valiosas oportunidades de crecimiento en la vida. Mi historia es muy simple. Fui precisamente una de ellas.

Me preocupaba sobremanera cómo la audiencia podía percibirme en cada intervención como oradora. A pesar de la poca confianza que sentía y del claro signo de vulnerabilidad y miedo, insistía en darle la espalda a la oportunidad de sentir la grandeza de la transformación de la oratoria. Desnudar mis emociones y mis frustraciones no fue fácil. Acepté, por fin, que debía trabajar con mis saboteadores emocionales, para dar paso a la verdadera esencia de la oradora.

Durante estos años la oratoria me ha permitido evaluar aspectos de mi vida que habían hecho que se debilitara mi confianza. A través de los discursos comencé a aliviar la carga del pasado y a descansar de los efectos que genera un divorcio nefasto. Este había arrancado de mi alma todo deseo y posibilidad de continuar progresando en la vida. Me transformé en una valiente guerrera presta a experimentar nuevos capítulos y nuevas historias. Descubrí el poder de la oratoria y del bálsamo sicológico que se esconde tras ella.

Alexander Graham Bell, visionario de las comunicaciones, decía: "A veces nos quedamos tanto rato mirando la puerta que se cierra, que ya es tarde cuando vemos la que se ha abierto". Aprovecha la oportunidad que la oratoria brinda de descubrir tu alma en cada palabra que pronuncies, en cada palabra que ayudas a salvar al mundo. Que tu alma descubra el poder de la oratoria.

La oratoria transformará tu interior

La oratoria transformó la manera de percibir las personas, los trabajos, los proyectos que soñé en distintos momentos y que ahora son realidad. Lo más impactante, cambió la manera de verme y de evaluarme para crecer.

Creo en el poder transformacional de la oratoria; del poder que te levanta y te saca de las tinieblas del estancamiento personal y profesional. Del poder que despierta a uno para siempre y logra que seas único. La oratoria provocó que estudiara mi interior, que entendiera qué podía mejorar y qué podía compartir con el mundo para que las personas también se transformaran con poder.

Con este ejercicio, comienza a estudiar tu interior para que tu palabra se transforme con poder.

Cómo me veo

_____

_____

_____

Qué puedo transformar, qué me detiene

_____

_____

_____

Cómo lo trabajaré

_____

_____

_____

Tu mentor es clave en el proceso de transformación

Cada uno de nosotros es el compendio de la manera en que nos criaron y educaron, del cúmulo de experiencias que nos marcaron para bien o para mal, de lo que hemos aprendido y de lo que deseamos transformar para darle brillo a nuestra vida.

En muchas dimensiones y aspectos de la vida necesitamos de la luz de un mentor para guiarnos y ayudarnos a entender el inventario personal de vida que nunca completamos. En la oratoria, el mentor es indispensable en tu evaluación interior puesto que influye en el análisis de tus fortalezas y debilidades como persona y orador. Te ayuda a mejorar tu comunicación con la audiencia, realza tu estilo cuando aprendes a multiplicar el valor de las vidas de quienes te escuchan, entre otras cosas.

Cuando comencé en la oratoria, me sentía perdida y confundida. No sabía qué decir, cómo estructurar el mensaje con poder y cómo decirlo. No podía hablar del corazón porque estaba sencillamente en pedazos. Conocí a este grandioso mentor que hizo que comprendiera lo siguiente:

1 El ser humano no es perfecto; tampoco la oratoria.
2 Para dar vida al discurso, necesitas definir su estructura.
3 Es obligatorio ensayar el discurso hasta el cansancio.
4 Si no escuchas tu voz, ¿cómo sabes qué sabor le falta?
5 Cree en ti y repite "puedo hacerlo, puedo hacerlo, puedo hacerlo".
6 Si el discurso que presenté no fue el mejor, el próximo lo será.
7 Siempre tenemos oportunidades para mejorar y crecer.
8 Agradece la oportunidad de conectarte con la audiencia.
9 Tus experiencias de vida pueden ser la salvación para el que escucha.
10 Comunícate con palabras simples, palabras del corazón. Son más poderosas.

Son consejos simples de valor incalculable. Aprendí a caminar en la oratoria siguiendo sus consejos, escuchando recomendaciones y reconociendo el mar de posibilidades que surgen cuando creemos en nosotros mismos. A este sorprendente mentor, Rubén Huertas, le dedico esta página de letras. ¡Gracias por ser el prisma que le dio color a mi vida!

Inventario del Orador

Para que tu mensaje sea poderoso necesitas examinar junto a tu mentor el siguiente inventario:

Cuáles son mis fortalezas en la comunicación

_____

_____

_____

Cuáles son mis áreas de crecimiento en la comunicación

_____

_____

_____

En cuáles fortalezas me concentraré para crecer aún más

_____

_____

_____

El mentor te ayudará a ser una mejor persona, un mejor comunicador y un mejor líder.

Diez Mentores Poderosos

Mentor	Aprendiz
Rubén Huertas	Elbia Quiñones
Platón	Aristóteles
Jim Rohn	Anthony Robbins
Jesús	Los doce apóstoles
Dr. Buckminster Fuller	Mark Victor Hansen
Dietrich Eckart	Adolfo Hitler
Brooks Brothers	Ralph Lauren
Aristóteles	Alejandro Magno
Andrew Carnegie	Napoleón Hill
	Apreciado lector

_____

El éxito de los diez mentores de la tabla anterior se mide por las vidas que han transformado. Estos visionarios, filósofos, comunicadores, empresarios, políticos y líderes religiosos influyeron en los rumbos de diez aprendices sedientos de infundir poder emocional a la palabra.

Dejo un espacio para que lo llenes cuando identifiques tu mentor. Procura caminar junto a un mentor para que tu paso por la oratoria sea firme y seguro. Soy testimonio de ello.

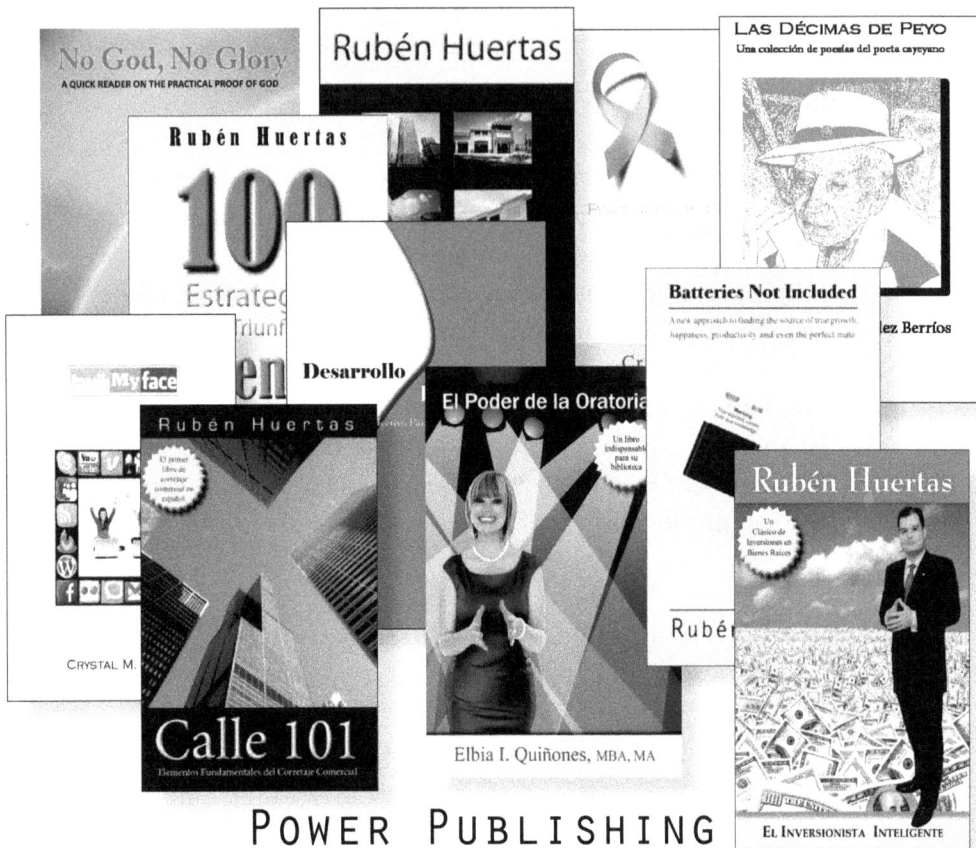

POWER PUBLISHING
LEARNING SYSTEMS

En *Power Publishing Learning Systems* nuestro objetivo es el mejoramiento y superación personal y profesional de nuestros clientes. Hemos dedicado más de veinte años de estudio e investigación para brindarles las técnicas más avanzadas de aprendizaje y el mejor material disponible en la industria. De igual manera, hemos practicado personalmente los principios presentados. *Power Publishing Learning Systems* es su fuente de conocimientos, ideas, actitudes y contactos que lograrán llevarle al éxito.

Maestro de Ceremonias
Conecta con Poder

Elbia I. Quiñones, MBA, MA

SEA PARTE DE ESTE LIBRO

Ordénelo con el logo de su empresa en la cubierta.*
Escriba un mensaje dirigido a sus empleados, asociados
o clientes el cual será impreso como parte del libro.
Sea partícipe en este movimiento de educación para
el mejoramiento y la superación personal. Utilice este
libro como parte de su programa de adiestramiento y
como un obsequio especial. El desarrollo personal y
profesional es la mejor inversión que podemos realizar.